南東北名山ガイド

蔵王

ZAO

河北新報出版センター

エメラルドグリーンに輝くシンボル的存在のお釜

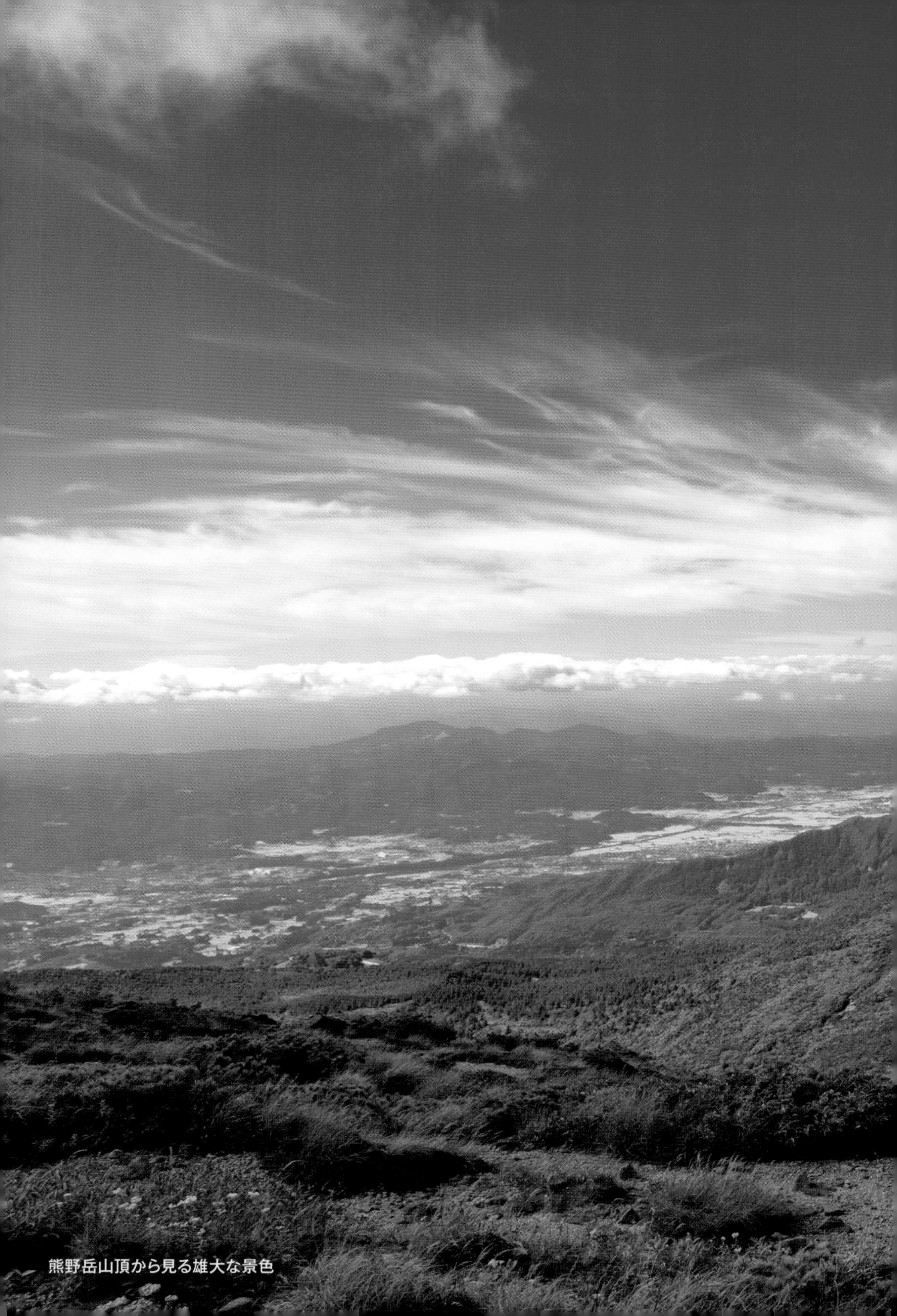

熊野岳山頂から見る雄大な景色

蔵王ロープウェイ地蔵山頂駅からの雪山登山が可能

南東北名山ガイド

蔵王①

1841.0メートル

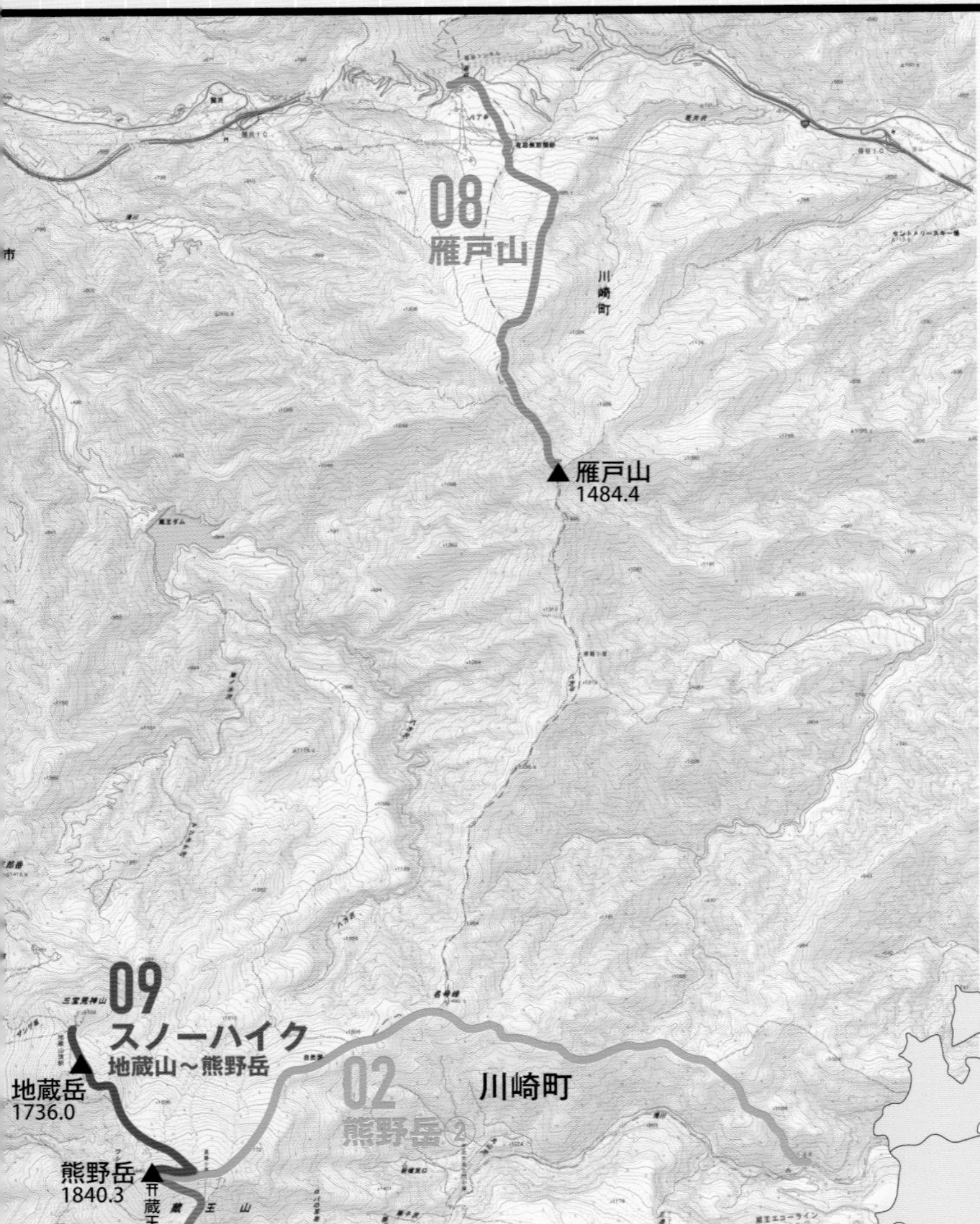

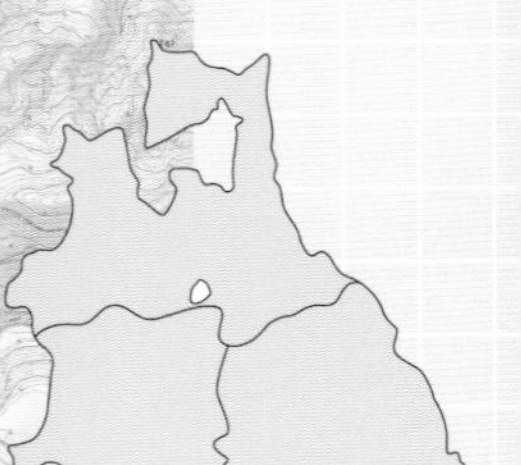

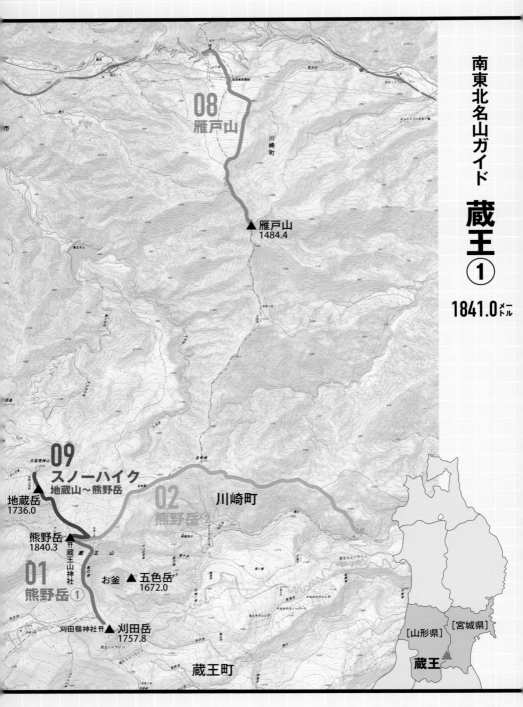

目次

南東北名山ガイド　蔵王

コースガイド

蔵王は宮城県と山形県にまたがる主峰１８４１㍍の連峰で、広大なエリアから成る人気の観光地である。

登山コースも多彩で、シンボル的存在のお釜を眺めることができるコース、ロープウエーやリフトなどからアクセスが容易なコース、蔵王エコーラインからのコース、冬は樹氷を観賞できるコースなど、さまざまな魅力を持つ連峰である。

本書では、人気のあるコースの無雪期・晴天時を中心に紹介し、目安となる難易度を掲載している。残雪期や雨後は格段に難しくなるコースもあるため、登山予定を立てる際は季節・天候を考慮してほしい。

また、遠い昔人々が願いがかなうと信じて登った刈田嶺神社奥宮までの蔵王古道も紹介する。

南東北名山ガイド

蔵王②

1841.0メートル

アクセス（アクセスはすべて自動車での時間）

01 熊野岳①
蔵王山頂レストハウス
東北自動車道　村田ICより約50分
山形自動車道　宮城川崎ICより約50分

02 熊野岳②
峩々温泉
山形自動車道　宮城川崎ICより約30分
東北自動車道　村田ICより約30分

03 瀧山
瀧山登山口（三百坊側）
山形自動車道　山形蔵王ICより約20分
東北中央自動車道　山形上山ICより約25分

04 不忘山
みやぎ蔵王白石スキー場
東北自動車道　白石ICより約30分

05 蔵王古道
刈田嶺神社里宮
東北自動車道　村田ICより約20分
東北自動車道　白石ICより約25分

06 後烏帽子岳
みやぎ蔵王えぼしリゾート
山形自動車道　宮城川崎ICより約25分
東北自動車道　村田ICより約30分
東北自動車道　白石ICより約30分

07 南蔵王縦走
刈田峠登山口
山形自動車道　宮城川崎ICより約50分
東北自動車道　村田ICより約50分
東北自動車道　白石ICより約55分

08 雁戸山
笹谷峠駐車場
山形自動車道　笹谷ICより約15分
山形自動車道　関沢ICより約20分

09 スノーハイク 地蔵岳〜熊野岳
蔵王温泉スキー場
東北中央自動車道　山形上山ICより約20分

10 水引入道
みやぎ蔵王白石スキー場
東北自動車道　白石ICより約30分

course 01

熊《くま》野《の》岳《だけ》①

お釜の絶景を楽しみながら進む蔵王連峰最高峰へのコース

難易度 ★☆☆☆☆
体力度 ★☆☆☆☆

● 登山口　蔵王山頂レストハウス
● 参考タイム　蔵王山頂レストハウス～蔵王山神社
登り▼40分
下り▼35分

　蔵王連峰には、「蔵王山」という山は存在せず、最高峰はここで紹介する「熊野岳」だ。日本百名山に認定された蔵王の標高は、熊野岳の標高となっている。

　最高峰とはいえ、熊野岳はアクセスもしやすく、気軽に登ることができる。コース上には東北屈指の名勝地であるお釜もあるので、ぜひとも足を運んでほしい。

　ここでは、蔵王山頂レストハウスからのコースを紹介する。レストハウスを出発して、まずはお釜を目指す。登山道といっても、観光地なの

馬の背から見たお釜の絶景

雲のかかったお釜

で道はきれいに整備されており、歩きやすい。15分も歩けばお釜が見えるポイントに到着する。天候が良ければ目の前には絶景が広がり、圧巻である。

お釜は、火口に水がたまってできた火口湖だ。火山活動によってできたもので、蔵王が活火山であることを静かに伝えている。ここからは、道行く人の数もぐっと減る。

お釜を右手に見ながら、馬の背を進む。広くなだらかな稜線《りょうせん》は、景色も相まってとて

熊野岳山頂には広いスペースがある

も気持ちが良い。

気軽にできる山行で、この開放感が味わえるのが熊野岳への道のりの醍醐味《だいごみ》だろう。しばらく進むと標識が現れ、これを目印に分岐を蔵王山神社方向へ進む。これまでの平たんな道と少し様相が変わり、登りに転じる。少し登って後ろを振り返ると、レストハウスからの道のりがきれいに見える。スカイラインを目指し30分ほど登り続ければ山頂に到着する。山頂には蔵王山神社があり、また山形側の展望も素晴らしい。厳冬期にはここから見える景色に樹氷が広がる。

広々とした山頂で、美しい展望に触れると、続く稜線の先の峰々を想像させられ、また山に登りたくなる。

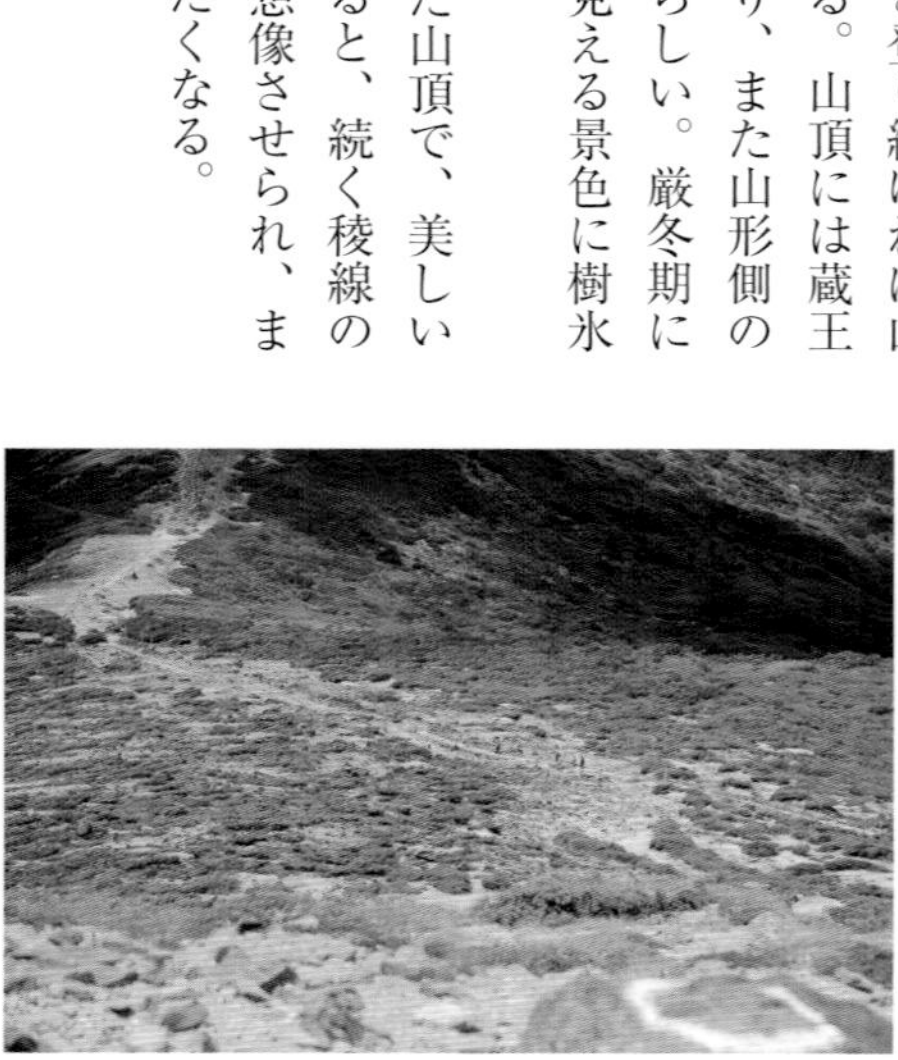

山形側へと続くコース

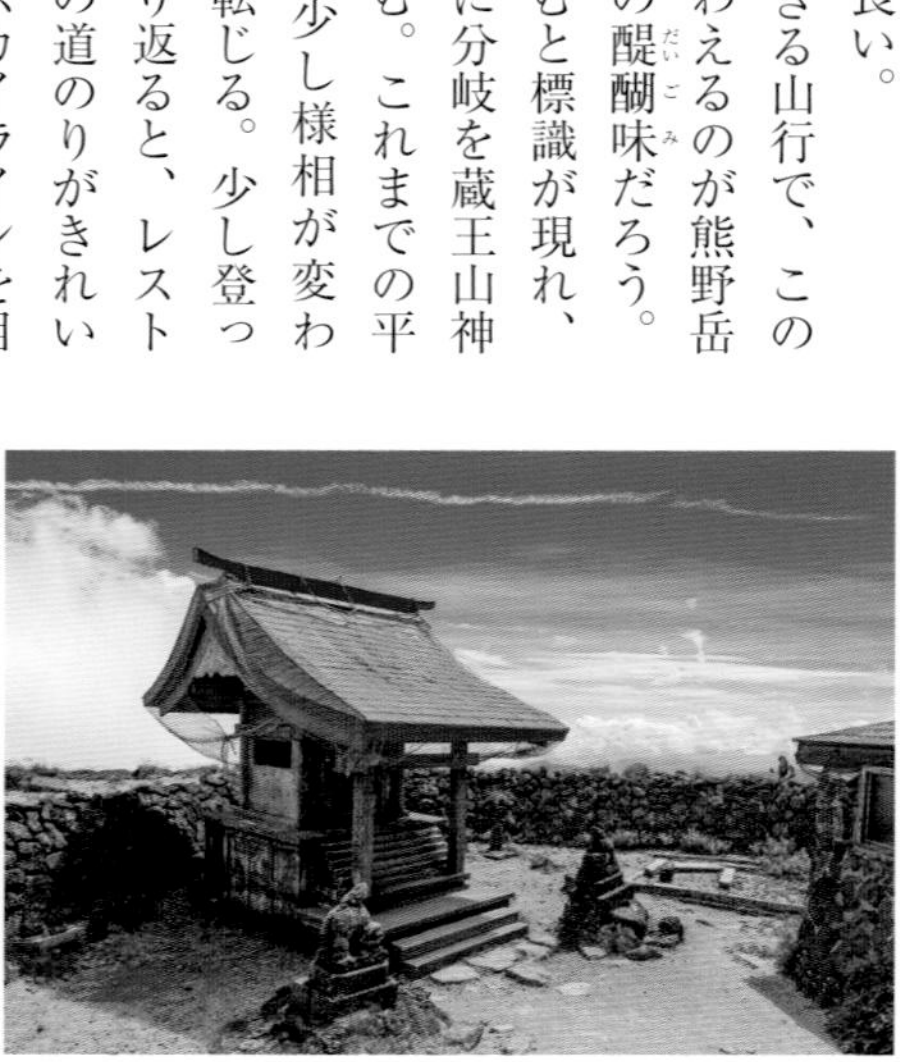

山頂にある蔵王山神社

色鮮やかな絶景

コースPHOTO

❶登山ルートの起点となる蔵王山頂レストハウス

❷歩き始めは整備された道だ

❸お釜を右手に見ながら平たんな道を進む

❹馬の背まで来ると観光客の数も少なくなる

❺熊野三差路を蔵王山神社方面へと進む

❻分岐から先は登りとなる

❼蔵王山神社が山頂のランドマークとなる

コースMAP

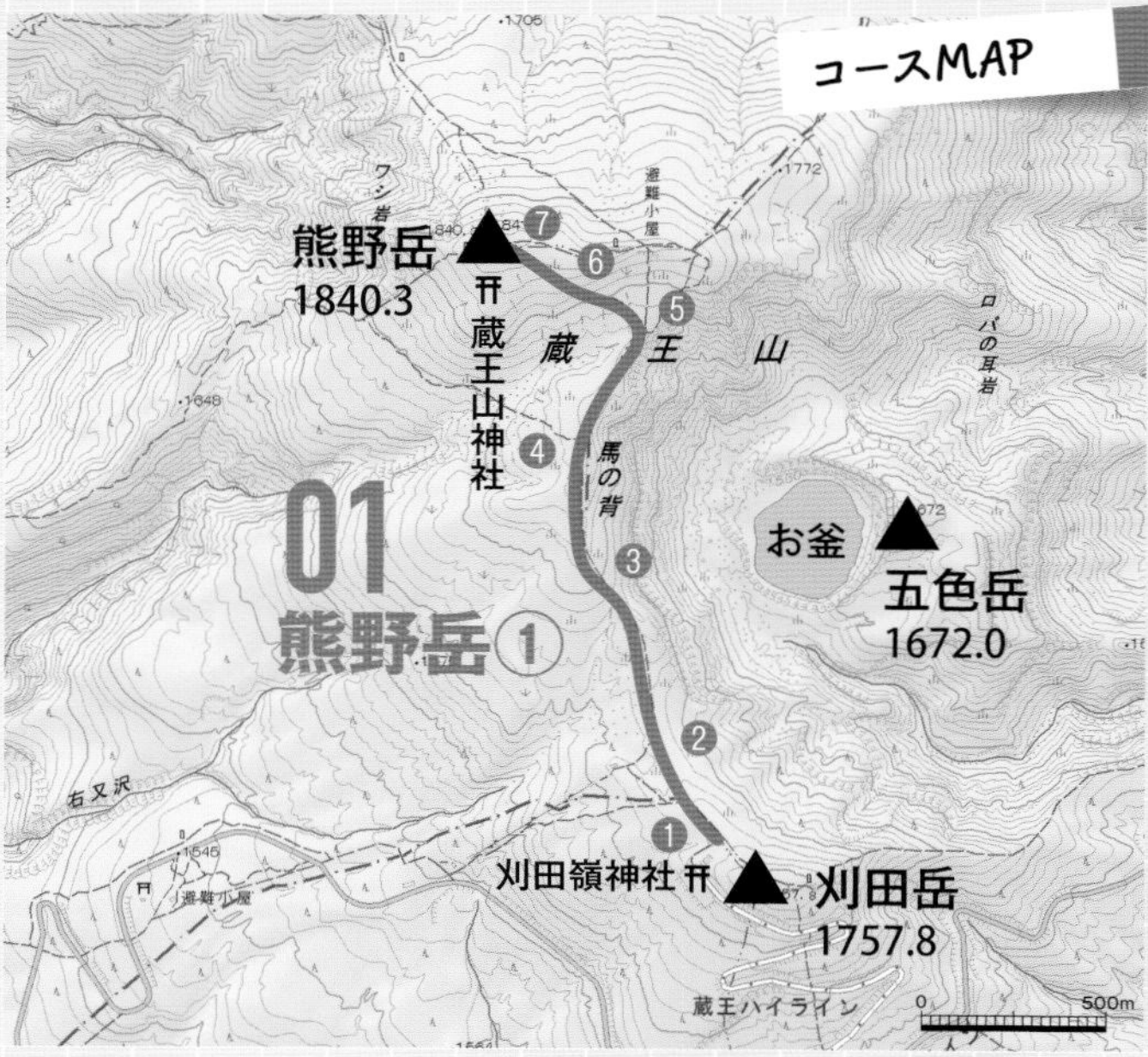

course 02

熊《くま》野《の》岳《だけ》②

地層など蔵王の成り立ちを見ることができる長いコース

難易度 ★★☆☆☆
体力度 ★★★★☆

◎登山口　峩々温泉
◎参考タイム　峩々温泉～蔵王山神社　登り▼3時間50分　下り▼2時間50分

ここで紹介する峩々《がが》温泉《おんせん》から名号《みょうごう》峰《ほう》を経て熊野岳山頂に至るコースは、蔵王連峰の荒々しい古い時代の地層が垣間見られる魅力的なコースだ。登山道は峩々温泉脇にあり、登山案内図もあるので分かりやすい。

登り始めは、いきなり急登の樹林帯となる。息は上がるが、美しいブナの原生林が広がり、季節ごとに美しい高山植物も見られる。無理はせず、まずはゆっくり進むとよいだろう。この急登は、青根温泉方面、名号峰方面との三差路となる猫《ねこ》鼻《はな》の手前ま

で、およそ1時間続く。

猫鼻の三差路を名号峰方面に進むと、道はなだらかな登りになり、ダケカンバの森が広がる。気持ちの良い樹林帯を1時間半ほど歩くと、徐々に辺りの木々が低くなる。熊野岳が視界に入るようになると、間もなく名号峰に到着する。名号峰では、蔵王連峰の基盤岩である花こう岩が露出

名号峰山頂

北側から見たお釜。お釜の上方奥に蔵王エコーラインが見える

しており、目をひかれる。

また、展望も素晴らしく、天気が良い日には遠く月山やロバの耳岩がある稜線《りょうせん》の、地層が露出した北斜面なども見ることができる。一息つくには絶好の場所だ。

名号峰から20分ほど進むと追分に至るので、そのまま熊野岳方面へと進む。この近辺は自然園と呼ばれる低木地帯で、辺りの展望が開ける。登山道の脇には溶岩台地が広がり、振り返れば北蔵王の峰々や船形連峰が一望できる。気持ちの良い道を1時間ほど進めば、熊野岳の山頂に到着する。

山頂までの間には、6月中頃から8月下旬にかけて見頃を迎えるコマクサの群生地があり、東側からのお釜の景色も見られる。

歩く時間は長いが、蔵王のさまざまな面が垣間見られるコースなので、ぜひ一度歩いてみてほしい。

ロバの耳岩

山頂から見た雁戸山

コースMAP

熊野岳から見た自然園方面

天候によっては山形県鳥海山を望むことができる

船形連峰方面も一望できる

course 03

瀧山《りゅうざん》

地元民から愛される西蔵王の名峰

難易度 ★★☆☆☆
体力度 ★★☆☆☆

◎登山口　瀧山登山口（三百坊側）
◎参考タイム　瀧山登山口～瀧山　登り▼2時間　下り▼1時間30分

瀧山は、その険しい山容から中央蔵王の山々とはまた違った魅力を持つ。西蔵王放牧場が広がる三百坊《さんびゃくぼう》からの乳母神《うばがみ》コースは、山頂に至るまでの時間は2時間ほどとそれほど長くはないが、急登もあり登山の醍醐味《だいごみ》に触れられる。

三百坊の駐車場からは、案内看板を頼りに歩き始める。眼前に広がる西蔵王放牧場に沿って気持ちの良い道をしばらく歩くと、うがい場という水場に至る。ここから、乳母神コースと大滝コースに分岐するが、大滝コースは登山道

山頂からは眼下に広がる山形市内が一望できる

駐車場からの出発となる

が崩落している。現在は通行できないので、注意が必要だ。

ここから、本格的な登山の開始である。樹林帯に入り歩みを進めてゆくと、徐々に道は険しくなり、時折ゴツゴツとした岩場や露出した木の根が姿を現す。しかし、その工程は変化に富み、飽きずに歩くことができる。そうした道を30分ほど進むと視界が開け、展望の良い場所に出る。

この先は、いよいよ急登に入る。すぐに、天然の岩場に

コース上の景色からはこの山の険しい山容が見てとれる

打たれたはしごが現れる。難易度は高くないが、それなりに高度感もあるので、慎重に足場を確認しながら登りたい。さらにロープが設置された急な登りへと続く。

　難所を過ぎると、このコースの名前の由来となった姥《うば》神《がみ》様が出迎えてくれるので、ここで一息入れ、乱れた呼吸を整えよう。この先は、山頂へ向けての急登となり、ロープ場が連続する。

　40分ほど樹林帯を登り続けると、やがて視界が開け山頂に至る。山頂には、瀧山神社があり登山者を迎え入れてくれる。

　眺望も素晴らしい。蔵王連峰の峰々と山形盆地が眼前に広がり、急登での疲れを一気に吹き飛ばしてくれる。

コース上にはロープ場もある

山頂には神社がある

コースPHOTO

❶駐車場近くに設置されている案内板

❷最初は放牧場内の舗装された道を進む

❸登山口に向かう途中にあるうがい場

❹うっそうとした樹林帯を進む

❺ここからが本格的な登山道となる

❻整備された樹林帯を進む

❼木の根や岩が張り出す場所もあるので注意して進む

❽急登になり所々にはしごやロープが設置されている

❾コース名の由来にもなっている姥神様

❿案内看板が設置されている

⓫最後の急登

コースMAP

course 04

不忘山《ふぼうさん》

蔵王連峰南端の高度感あふれる絶景の山

難易度 ★★★☆☆
体力度 ★★☆☆☆

◎登山口　みやぎ蔵王白石スキー場
◎参考タイム　みやぎ蔵王白石スキー場～不忘山山頂
登り▼2時間30分
下り▼2時間

蔵王連峰の南端に突き出た三角すいの峻峰《しゅんぽう》が不忘山で、別名、御前岳《ごぜんだけ》とも呼ばれる。山頂は高度感があり、360度の素晴らしい展望を楽しめる。ぜひ一度は登ってほしい山だ。ここでは、みやぎ蔵王白石スキー場から登る最も一般的なコースを紹介する。

駐車場から、案内看板に従い登山道へ進むとすぐに無料休憩所があるので、ここで登山者カードに記入する。スキーゲレンデ内のなだらかな道をしばらく進むと、やがて樹林帯に入る。樹林帯の入り口には、白石女子高小屋跡が

不忘山山頂から屏風岳方面を望む

あり、この山が地元の人々から親しまれてきたことを知らせてくれる。

ここからは、うっそうとした樹林帯が続く。道は整備されているが、雨などでぬれると粘土質の土などが滑りやすくなるので、注意が必要だ。

また、急な道も時折現れ、場所によってはロープが設置されている箇所もある。焦ら

もしもの時のために登山者カードはしっかり記入しよう

ロープ場などもあり変化に富んだコースだ

注意して樹林帯を進む

ずにじっくりと進むのがよいだろう。

しばらくすると、整備された木道から階段に道が変わる。辺りの木々がだんだんと低くなり、低木地帯に入ってゆく。振り返れば、きれいな景色が眼下に広がり、ここまでの疲労が吹き飛ぶだろう。

少し開けた場所に出たらそこは弘法清水で、山頂までの行程のおよそ半分を歩いたことになる。この先は素晴らしい景色を眼下に眺めながらの

山頂からは蔵王連峰の稜線が望める

山行だが、ゴツゴツとした岩が多くあるので注意が必要だ。

歩を進めていくと、やがて前方の稜線《りょうせん》上に変わった形をした岩が見えてくる。これがカエル岩で、すぐ近くに不忘の碑がある。

不忘の碑は、戦時中に米軍のＢ29爆撃機がこの山に墜落したことを受け、搭乗員の慰霊と平和への祈りを込めて地元住民によって戦後建立された石碑だ。

その名の通りカエルに似た形のカエル岩

山頂には神社が祭られている

ここまで来れば、山頂まではあと一息だ。不忘の碑付近のガレ場を登り切ると、山頂に続く稜線に出る。きれいに伸びるその道を登ってゆく。右手に屏風岳の姿が見え、最後の登りを励ましてくれる。登り切れば、そこは360度の大展望が待ち構える不忘山の山頂だ。

山頂には、休憩するのには十分なスペースがある。ゆっくりと景色を眺めながら飲むコーヒーは格別だ。不忘山の山頂は、蔵王連峰の主稜線へと続くので、ここまで来るとさらなる蔵王の魅力に取りつかれることになるだろう。

南蔵王の縦走コースへとルートは続いている

コースPHOTO

❶白石蔵王スキー場から歩き始める

❷無料休憩所で登山者カードに記入する

❸ゲレンデ内のなだらかな道を進む

❹白石女子高小屋跡は、現在は広場になっている

❺樹林帯を進む

❻ロープが設置されている場所もあるので慎重に進む

❼木道から階段へと整備された登山道が続く

❽コースのほぼ真ん中に位置する弘法清水

❾視界が開けてくるとゴツゴツとした岩が点在する道になる

❿不忘の碑の前には案内看板がある

⓫不忘の碑まで来れば山頂まであと一息だ

⓬不忘の碑の先にあるガレ場

⓭山頂に続く稜線が美しい

⓮山頂には360度の絶景が広がる

コースMAP

賽《さい》ノ磧《かわら》には石積みが残されている

course 05

蔵《ざ》王《おう》古《こ》道《どう》

いにしえに思いをはせる

難易度 ★☆☆☆☆
体力度 ★★★★☆

◉登山口 刈田嶺神社里宮
◉参考タイム 片道▼9時間

蔵王古道は、1962年のエコーライン開通を機に荒廃してしまった、遠刈田から刈田岳までの蔵王お山参りの道である。それが2014年に60年余りの長い空白を経て、有志の手によって復活。維持発展のために「蔵王古道の

スタート地点である刈田嶺神社里宮の鳥居

刈田嶺神社里宮

刈田岳山頂付近から望むお釜

会」が結成された。毎年お山参りも行われ、多くの人が参加している。

コースは、遠刈田温泉刈田嶺神社里宮からスタートする。全行程を歩くとコースタイムで9時間にも及ぶ長い道のりである。しかし、かつては道が荒廃する起因となったエコーラインと登山道が交差する箇所が複数ある。それぞれに駐車場やトイレなどが整備されている場所も多い。そうした場所を起点にして、お

緑が映える美しい樹林帯。新道（左）と旧道（右）

のおの歩く距離を設定することができる。また、体調不良などの緊急時にも、こうした環境は強い味方となる。

登山道は、濁川と澄川の間をエコーラインと交差しながら進む。整備が行き届いていて歩きやすく、なだらかな場所が大半である。長い道のりだが、コース上には幾つも見所があり、その一つ一つを目指しながら歩くことができる。

美しい樹林帯が広がる中を歩くと、エコーライン開通によって廃れる前のお山参りの痕跡も随所に見られる。特に賽《さい》ノ磧《かわら》には多くの石積みが残されており、かつて多くの人がここを歩きながら石を積んでいった情景を思い浮かべることができるだろう。このコースの核心部となるのは大《だい》黒《こく》天《てん》から刈田岳までの道だ。ここまで来ると、噴火の痕跡が見られ、蔵王が活火山であることを感じさせる。

また、7月から8月にかけては、高山帯に生息し2500キロもの距離を移動して海を渡る日本で唯一のチョウ、アサギマダラも見ることができる。大黒天から30分ほど進むと、右手にはお釜が見え始める。長い道のりのご褒美となるだろう。

先にも述べた通り、長い道のりではあるが、途中から歩くこともできるし、分割して歩くこともできる。息を切らせて、急登を行く登山や、素晴らしい展望を楽しみながらの尾根歩きもいい。だが、時にはこういったいにしえの道を歩き、山岳信仰の一端に触れてみるのも、また魅力的な蔵王の楽しみ方ではないだろうか。

石造りの小さな大黒様や弘法大師が祭ってある大黒天

course 06

後《うしろ》烏《え》帽《ぼ》子《し》岳《だけ》

気軽にアルペン気分が味わえる初心者向けのコース

難易度 ★☆☆☆☆

体力度 ★☆☆☆☆

◉登　山　口　みやぎ蔵王えぼしリゾート

◉参考タイム　みやぎ蔵王えぼしリゾート～後烏帽子岳山頂
登り▼2時間30分
下り▼2時間30分

山頂にはゆっくりできるスペースがある

後烏帽子岳は、山頂から蔵王連峰南部の山々が眼の前に広がる絶景が楽しめる山だ。ここでは、みやぎ蔵王えぼしリゾートからのコースを紹介する。アクセスしやすく、工程も短いため、気軽に歩ける初心者向けのコースだ。スキー場のかもしかリフト終着点から登山コースがスタート

目印となる案内看板がある

するので、ここまではゴンドラとリフトを利用する。
　案内看板があるので、すぐに登山口は見つけられるだろう。登山口を進むと、すぐに樹林帯の道となる。ゴツゴツとした岩が露出する場所もあるが、整備された歩きやすい道だ。途中、コース上には数字が書かれた目印が出てくる。これをたどっていくと山頂に到着する。

ここからさらに屏風岳へとコースは続く

山頂からは屏風岳の絶景が素晴らしい

蔵王連峰の峰々が美しく広がる

高度感があり美しい景色が望める

樹林帯は、木漏れ日が気持ちよく、所々に見られるコケなども美しい。特に危険な箇所はなく、1時間半ほど歩けば山頂に到着する。道のりはそれほど苦しいものではないが、後烏帽子岳の山頂で見られる景色は格別だ。

まず目に飛び込んでくるのは、屏風岳の美しい姿だ。辺りを見回すと、不忘山、水引入道の勇姿にも目を奪われる。この気軽さで、これほどの高山気分を味わえる山はなかなかないだろう。

冬山登山の入門にも最適だ。雪化粧をまとった峰々の景色は、また違った山の美しさを感じさせてくれるだろう。

◆ゴンドラとリフトを利用する際は事前に運行状況を確認すること。

木漏れ日に照らされるコケ

やわらかい光につつまれながら樹林帯を進む

コースPHOTO

❶みやぎ蔵王えぼしリゾートのゴンドラとリフトを乗り継ぐ

❷リフトの終着点からは美しい景色が見られる

❸登山道入り口を示す案内

❹登山口

❺樹林帯を進む

❻途中には大きな岩もあるので注意して進もう

❼道は整備されている所も多いので歩きやすい

コースMAP

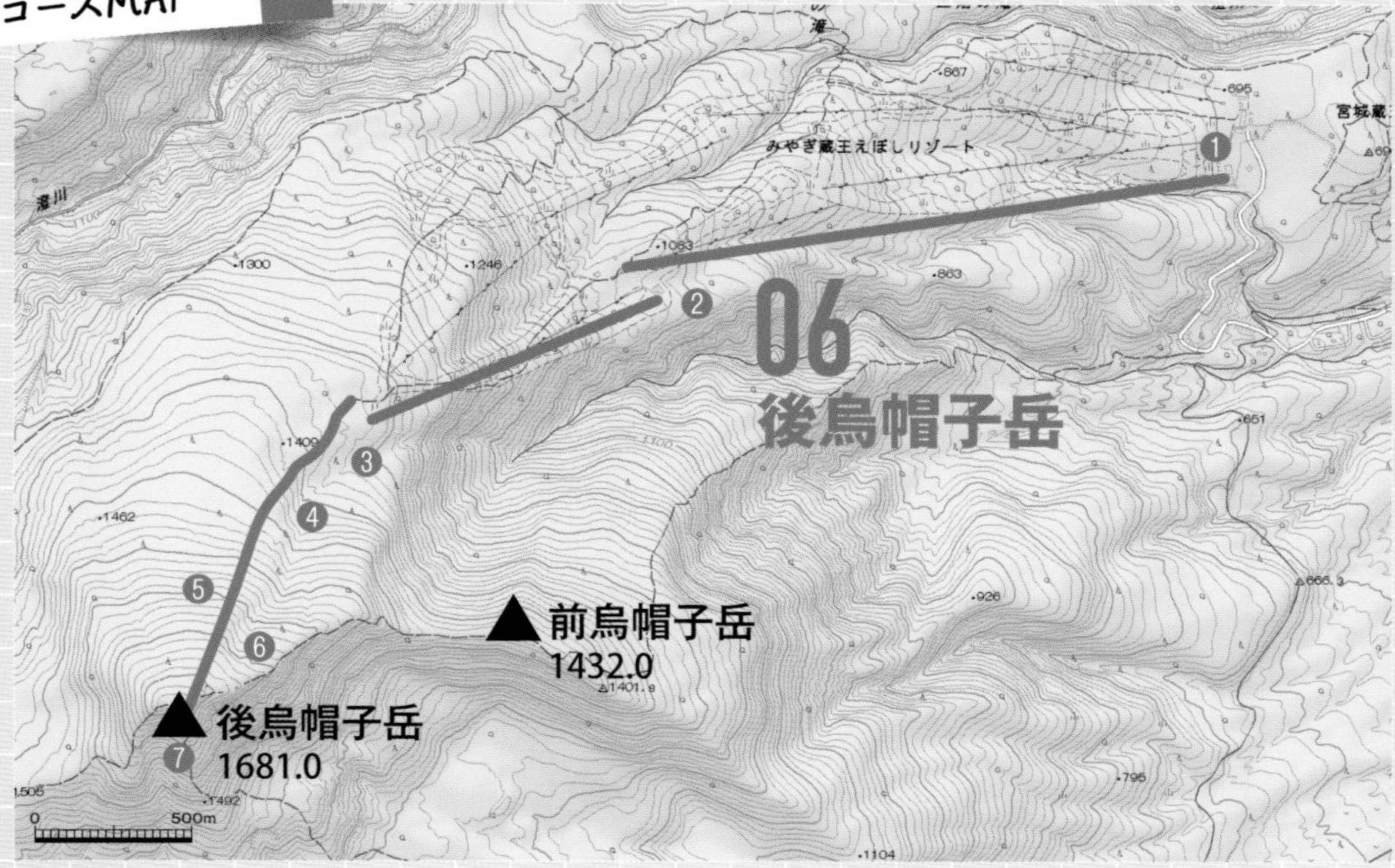

course 07

南蔵王縦走《みなみざおうじゅうそう》

蔵王連峰の主稜線を歩く 開放感あふれる縦走路

難易度 ★★☆☆☆
体力度 ★★★★☆

◉登山口 刈田峠登山口
◉参考タイム 刈田峠登山口〜不忘山山頂
登り▼3時間50分
下り▼3時間40分

南蔵王縦走路は、その名の通り蔵王連峰の南側を踏破するコースだ。刈田峠から不忘山まで続く道は、素晴らしい展望の稜線《りょうせん》歩きが続き、また変化にも富んだ道のりだ。登山の醍醐味《だいごみ》の一つである縦走を心行くまで楽しめる。

蔵王エコーラインの途中にある、刈田峠の路側帯にある駐車スペースから歩き始める。登山口には案内看板が設置されているので、これから歩く道のりを確認するとよいだろう。

樹林帯を進むとすぐに、整備された道となり、歩きやす

美しく続く蔵王連峰の稜線

い。木道や階段などが続くので小気味よく歩くことができるだろう。

　間もなく開けた場所に出ると、刈田岳方面の視界が開け、開放感が味わえる。さらに進むと、刈田峠避難小屋にたどり着く。避難小屋は急な天候の悪化や、体調不良などの際には大いに助けとなる。

登山口に設置された案内板

こういった施設は入山前にしっかり把握しておくとよいだろう。また、このコース上では唯一のトイレもあるので、マナーの観点からもきちんと利用したい。

この先まず目指すのは1684メートルのピーク、前山となる。刈田峠避難小屋から、30分ほど樹林帯を歩けば到着だ。辺りは徐々に木々が低くなり、展望も開けてくる。前山からさらに20分ほど歩くと杉ケ峰に到着する。杉ケ峰には開けたスペースがあり、一息つくにはちょうどよいだろう。

ここから、登山道は緩やかに下りに入る。道はやがて木道になり、美しい湿原に出る。ここは芝草平と呼ばれる場所で、例年7月ごろにはイワカガミやキンコウカなどの高山植物が咲き、辺りを彩っ

木道を進む

美しい高山植物が登山道を彩る

てくれる。ベンチなども設置されているので、時間があればいつまでも眺めていたくなる景色だ。

木道が終わると再び登りとなり、30分ほどで屏風岳の山頂に到着する。特徴的な山容の屏風岳は、蔵王連峰のさまざまな山から見ることができる。その山頂に立つと感慨深いものがある。

いよいよここから、このコースのハイライトとなる稜線歩きに突入だ。仙台市内からも見ることができる南蔵王の稜線上を進む。高度感のある場所もあるが、おおむね広い稜線で、きちんと整備されている。平たんな道なので特に難しいことはない。展望を存分に楽しみながら進むとよいだろう。

なだらかに広がる裾野を眺めながら45分ほど歩くと南屏

木道から見た芝草平

コース上には美しい稜線が続く

美しい高山植物も楽しめる

要所ごとに案内板がある

蔵王での湿原は珍しい

刈田峠避難小屋から10分ほど歩くと刈田岳が展望できる

風岳に着く。さらに歩を進める。目指す最後のピークは不忘山だ。南屏風岳から不忘山への道は、徐々に稜線が狭まる。途中、ガレ場があり、鎖が設置されている箇所もある。また、ここまでの道のりの疲労も出てくる頃でもあるので、気を引き締めて進みたいところだ。

鎖場を過ぎると、不忘山までは再び素晴らしい展望が広がる。不忘山からは、みやぎ蔵王白石スキー場へと下る（10ページ参照）。登り口と下山口が異なるので、自家用車での山行の場合は2台必要となる。移動時間も考慮に入れなければならないが、その煩わしさを差し引いても余りある魅力が詰まったコースとなる。

ぜひ、一度は歩いてもらいたいと思う。

コースPHOTO

❶蔵王ハイラインとの分岐を左に進むと登山口がある

▼

❷縦走路の登山口には案内図がある

▼

❸樹林帯を進む

▼

❹刈田峠避難小屋の手前でいったん視界が開ける

▼

❺刈田峠避難小屋

▼

❻避難小屋を出て少し進むとコースが見渡せる

▼

❼最初のピークとなる前山

不忘山へと続く道

コース上には雄大な景色が広がる

刈田峠からの景色

コースMAP

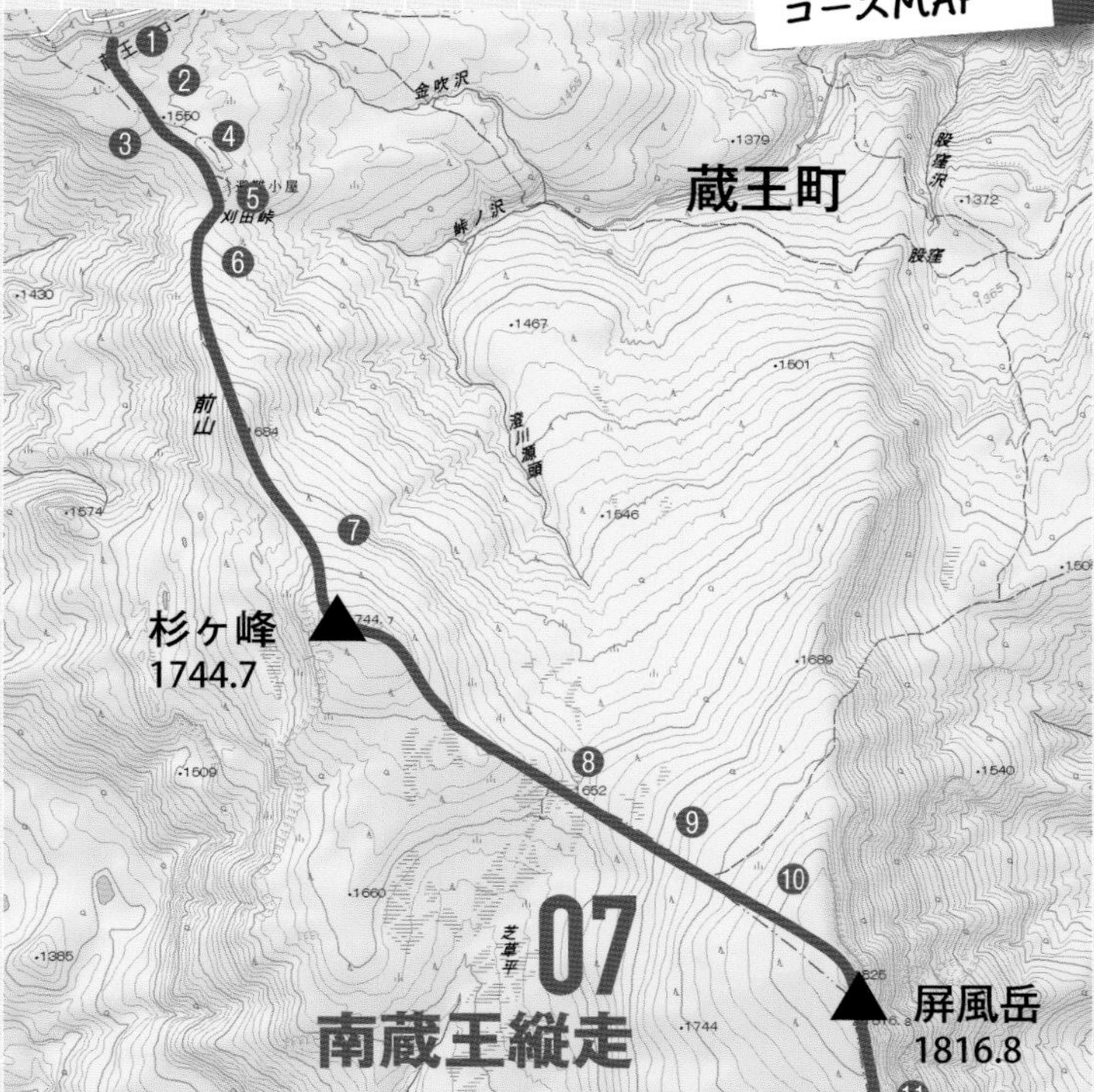

❽二つ目のピークとなる杉ケ峰

❾杉ケ峰から芝草平への道は木道が設置された箇所もある

❿美しい湿原が広がる芝草平

⓫屏風岳山頂

⓬不忘山と水引入道方面の分岐を不忘山方面に進む

⓭分岐から南屏風岳山頂までの間は気持ちのいい稜線歩きが続く

⓮南屏風岳の山頂に広いスペースがある

⓯不忘山へと続く稜線

⓰不忘山山頂手前の急登には鎖が設置されている

⓱不忘山山頂

コラム

「宮城蔵王」と「山形蔵王」

山岳ライター　高橋　庄太郎

僕は宮城県仙台市出身だが、現在は東京に住んでいる。そんな外部からの視点で見ると、奥羽山脈を隔てて蔵王を共有する宮城県と山形県は、地元の方が思っている以上にライバル的な存在なのではないかと思う。

たとえば、南東北の味として全国的に知名度を増した味覚が「ずんだ（づんだ）」と「芋煮」。どちらも両県で愛されているが、全国的には「ずんだ」は宮城、「芋煮」は山形中心の食文化のイメージが強い。ある意味〝一勝一敗〟だ。サッカーのベガルタ仙台とモンテディオ山形の一戦は「東北ダービー」といわれる地域的ライバル対決で、全国のサッカーファンには有名である。

さて、「蔵王連峰」に話を移そう。

蔵王には「宮城蔵王」「山形蔵王」という言い方がある。僕は仕事柄、全国の山を歩き回っているが、このように県名で区別された山域はあまり聞いたことがない。

スキーやスノーボードの愛好者になじみ深いのは、圧倒的に山形蔵王である。宮城蔵王は劣勢だ。日本海側のほうが積雪量が多く、樹氷も立派なのだから仕方ない。僕自身、山形側の樹氷を見るといくらでも写真を撮りたくなるが、宮城側は……。樹氷がやせ細り、寂しい限りである。

ただ、重苦しい空模様が続く山形側に比べ、宮城側は晴れが多く、空気が澄んでいる冬は、海までクリアに見渡せて気持ちがいい。立派な樹氷を山形側で見物してから宮城側に移り、青空の下で御釜《おかま》を眺めながら温かいコーヒーを淹《い》れて休憩する……なんていう歩き方が僕には楽しい。無雪期に比べると積雪期の登山はハードルが高いが、天候が安定したタイミングでいつか挑戦してみてほしいと思う。

もうひとつ、宮城県出身者として少し悔しいのは、日本百名山の表記でもある「蔵王山」の標高を表す場合、1841メートルの山頂を山形側にもつ熊野岳が基準になっていることだ。そのために、百名山全踏破を目指す登山者のなかには、熊野岳にしか登らない人もいるという。至近距離にある宮城県側の刈田岳には蔵王の象徴・御釜があるというのに！　標高が低いだけで省かれてしまうとは残念でならない。

積雪量や標高では山形側に軍配が上がっても、歴史的な面でいえば宮城側のほうが興味深い。山名の由来になっている蔵王権現を祭る刈田嶺神社は、奥宮が刈田岳山頂にあり、里宮は宮城側の遠刈田温泉。そして、山としての「蔵王」の古称である「かったみね（刈田嶺）」や「わすれずのやま（不忘山）」という名は、どちらも宮城県側に残っているという事実もある。

僕が好きな蔵王の登山道のひとつは、刈田岳を含む蔵王中心部と不忘山とを結ぶ「南蔵王縦走コース」。全域が宮城県側にあるので「宮城蔵王縦走コース」とも呼べそうなコースだ。山名の呼称は歴史とともに変わり、刈田嶺と刈田岳、わすれずのやまと不忘山が完全に一致するわ

けではないが、これらの地名だけでも蔵王の歴史の一端を感じられる。

　このコースは北から南、南から北、どちらの方向に歩いても美しい風景が楽しめるが、僕は刈田岳から不忘山へ南下するほうが好きだ。刈田岳はいつも観光客でにぎわっており、あの喧《けん》騒《そう》を登山終了直前に味わうよりも、最後は人影が少ない不忘山でのんびりしたほうが、心が安らぐからである。

　また、蔵王中心部から不忘山山頂まで歩けば、その先に大きな山はもう存在しない。すると、蔵王連峰という大小の山々の集合体のなかにいるはずなのに、まるで独立峰に立っているように視界が広がり、実に解放的なのである。この気分もまたすばらしい。そして山頂から山麓へ一気に下っていくと、聖なる神域にいた自分が、人間の世界へ引き戻されるかのような不思議な感覚を呼び起こされる。

　とはいえ……。反対に北上して不忘山から刈田岳へ向かえば、最後にお楽しみが待っている。山頂直下のレストハウスで、アツアツのおいしい玉こんにゃくが食べられるのだ。玉こんにゃく好きの僕としては、それだけで刈田岳を最終目的地にしてもよくなってくる。よく考えれば、レストハウスは宮城県の施設なのに、山形県名物の玉こんにゃくを提供しているわけなのだが……。

　宮城蔵王、山形蔵王などという区別はあるものの、県境などというものは人間が勝手に引いただけのものでもある。ちょっとした知識は山歩きのおもしろさを高めてくれるが、あまり気にはせず、自然のよさをダイレクトに感じたいものだ。

高橋庄太郎さんプロフィール

宮城県仙台市出身。仙台二高時代に登山の魅力を知り、早稲田大学、集英社を経て、2004年よりフリーランスの山岳ライター・アウトドアライターとして活躍。

course 08

雁戸山《がんとさん》

蔵王連峰北端に位置する変化に富んだ急峻な山

難易度 ★★★☆☆
体力度 ★★☆☆☆

登山口　笹谷峠駐車場
参考タイム　笹谷峠駐車場～雁戸山山頂
登り▼3時間
下り▼2時間30分

　雁戸山は、南北25キロに及ぶ蔵王連峰の北端に位置する。全般的に、大らかな起伏の蔵王連峰にあって、雁戸山だけは急峻《きゅうしゅん》な山陵《さんりょう》と深く切れ込んだ渓谷を有する。登山者にとっては魅力的な山だ。ここでは、笹谷峠駐車場から登るコースを紹介する。

　駐車場から、まずは有耶無《うやむ》耶《や》の関跡を目指し歩き始める。途中で通る八丁平には、八丁平の六地蔵があり、その名の通り6体の地蔵が、道沿いに現れる。地蔵を目印に30分ほど進むと有耶無耶の関跡に着く。ここからは、しばらく樹林帯の単調な登りとなるが、木々の間からの木漏れ日は美しく、気分は悪くない。

　1時間半ほど歩くと、視界が急に開けて美しい展望を楽しめるカケスガ峰に到着する。この場所にはかつて、

山頂への登山道が見える

駐車場にはトイレもある

登り始めにある斎藤茂吉歌碑

電力会社の施設があった。今もその跡が残されており、記念碑もある。ここからは、前山を挟んで雁戸山が一望でき、これから進むコースが見て取れるため、先の道を想像して心が踊る。いったんまた樹林帯に入るが、ここは木の根が露出して歩きにくい場所もある。谷側に足を滑らせないように気を付けて歩きたい。

30分ほど歩くと前山に至り、ここからが雁戸山の核心部となる。目の前には、「蟻《あり》の戸渡り」と呼ばれる細く切り立った稜線《りょうせん》が現れる。樹林帯を抜けて低木地帯に入ると、谷側が切れており注意が必要だが、慎重に歩けば特に問題はないだろう。むしろ、その先に広がる峰々に目を奪われる。

いよいよ蟻の戸渡りに入

山頂からは歩いてきた道が一望できる

カケスガ峰には美しい草原がある

山頂から山形方面を望む

山頂には休憩できるスペースがある

見事な紅葉も楽しめる

る。徐々に傾斜が増すので丁寧に歩を進めよう。途中、岩場を登る場面もあるがホールドはしっかりしており、高度感もあまりないので落ち着いて登れば問題はない。岩場を登り切ると、稜線上を通る道が先に続く。

　しばらく進むといよいよ雁戸山の山頂が姿を表す。きれいな展望を楽しみながら進むと、最後の岩場が現れる。最初の岩場と同様に落ち着いて登ればここも問題はない。

　登り切れば、1484メートルの雁戸山の山頂に到着する。山頂からは、ここまで歩いてきた道のりが一望でき、満足感もひとしおだ。ゆっくりと景色を眺めながら、体を休め、帰りの道中に備えよう。

コースPHOTO

❶駐車場を出てすぐの舗装路を進む

❷八丁平の六地蔵

❸有耶無耶の関跡

❹樹林帯の単調な登りを進む

❺カケスガ峰からの景色は格別だ

❻再び樹林帯に入る

❼森林限界まで来ると谷側に切れ落ちた箇所もある

❽手を使って登るような岩場もあるので慎重に進もう

❾雁戸山のハイライトとなる蟻の戸渡りと呼ばれるナイフリッジ

❿山頂直下の岩場。これを登り切れば山頂だ

コースMAP

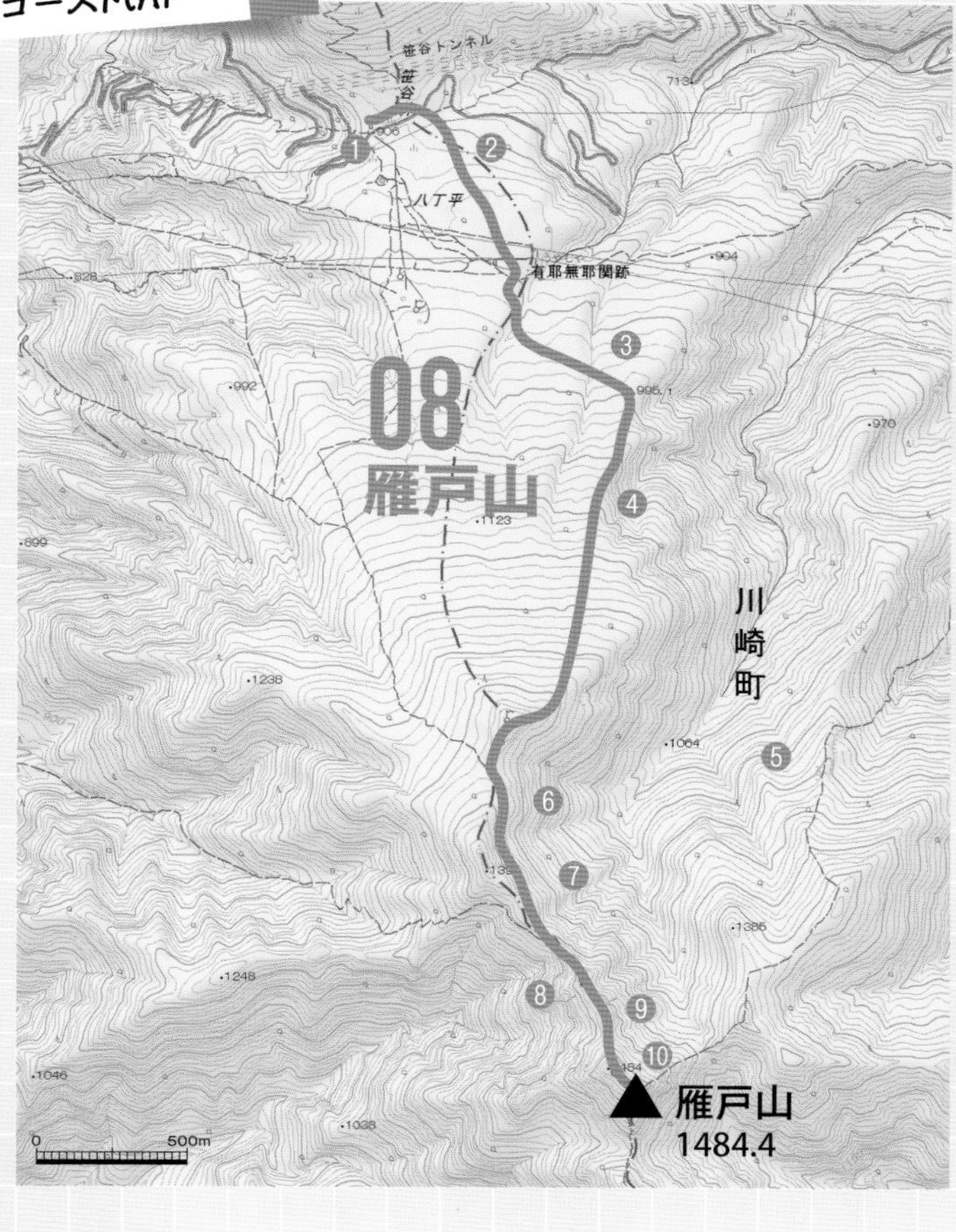

course 09

スノーハイク 地蔵岳《じぞうだけ》〜熊野岳《くまのだけ》

スノーモンスターと呼ばれる樹氷を間近で見ることができる

難易度 ★★★☆☆
体力度 ★★★☆☆

◉登山口　蔵王地蔵山頂駅
◉参考タイム　蔵王地蔵山頂駅〜熊野岳山頂
登り▼2時間（冬期）
下り▼2時間（冬期）

ここで紹介する地蔵岳を経て熊野岳山頂を目指すコースは、天候に恵まれさえすれば、雪山登山の入門に最適のコースだ。コース上には冬の蔵王の風物詩である樹氷が間近で見られる場所もあるので、きちんとした知識と装備をそろえた上でぜひ挑戦してほしい。

山形側の蔵王温泉スキー場から、山麓線、山頂線と蔵王ロープウェイを乗り継ぎ、蔵王地蔵山頂駅から歩き始める。駅から外に出るとすぐ、雪に埋まった地蔵があるが、この右手から登山道に入る。

広大な雪景色に圧倒される

スノーシューは必須である

目の前には早くも樹氷群が現れ、圧倒される。この辺りは、樹氷を目当てにした観光客も多くいるのでにぎやかだ。歩き始めは、少し急な登りになる。雪の状態によってはワカン（かんじき）やスノーシューを履く必要があるだろう。歩き始めでリズムがつかめていない中での急登で息は上がるが、20分ほど歩くと1736メートルの地蔵岳に到着する。

道に迷わないように杭が打たれている

山頂付近の緩やかな登り

ここからは緩やかな登りになり、スノーハイクの醍醐《だいご》味《み》が味わえる。広々とした稜線《りょうせん》上は一面の白銀の世界で、眼前には目指す熊野岳への道のりが見通せる。

熊野岳へのコースには、等間隔に杭が打たれており、道に迷わないように配慮されている。その杭に沿って、雪原に歩を進めていく。天候に恵まれれば、これほど気持ちの良い道はなかなかないだろう。緩やかに切れ落ちる左右の谷には、たくさんの樹氷も見て取れる。そのまましばらくは平たんな道が続くので、存分に景色を楽しみながら前に進もう。

30分ほど進むと、道はまた次第に登りになってゆくが、それほど勾配はきつくはないので、リズムを崩さずに進める。さらに30分ほど進むと、

目の前に広がる樹氷群の絶景

刈田岳方面との分岐に出るので、ここを熊野岳山頂方面に進む。このまま刈田岳方面に進めば、雪と氷に包まれたお釜を見ることができるので、そちらに進むのも良い選択肢になるだろう。刈田岳方面に続く稜線もとても美しく、息を飲む景色だ。

ここから熊野岳山頂までは15分ほどだ。稜線上に歩を進めると、雪に覆われた神社のシルエットがすぐに見えてくる。山頂からは、夏山とはまた違った美しい白銀の景色が、宮城側にも山形側にも展望できる。コース上には特に難しい箇所もなく、体力的にもそれほどきつい道のりではないが、天候の状況には十分に配慮が必要だ。広い稜線は歩きやすく、美しい景色を見させてくれる半面、天候が悪化しホワイトアウトすれば途

変わりやすい天候には十分注意しなければならない

端に進む方向が分からなくなる危険性もある。少しでも天候に不安がある場合は、無理をせずに引き返す判断も重要となる。

また、雪の状況によっては想像以上に体力を奪われることがある。ワカンやスノーシュー、アイゼンなどの装備をしっかり準備するとともに、自分の体力を過信しないことも、安全な登山に欠かせない。

リスクをきちんと回避すれば、これほど美しい景色を見ることができるコースはなかなかない。しっかりと準備をして、ぜひともチャレンジしてほしい。

見事な青空と樹氷

コースPHOTO

❶蔵王ロープウェイの乗り場となる蔵王温泉スキー場

❷ロープウェイの乗り継ぎ点となる樹氷高原駅

❸登山口のある地蔵山頂駅

❹地蔵山頂駅の目の前にある地蔵

❺歩き始めるとすぐに樹氷群が現れる

❻地蔵岳山頂までは急な登りが続く

❼地蔵岳山頂を過ぎると道はなだらかになり視界が開ける

❽刈田岳方面と熊野岳方面の分岐がある稜線への登り

❾刈田岳やお釜方面と熊野岳方面の分岐

❿熊野岳へと続く稜線上を進む

⓫熊野岳山頂

コースMAP

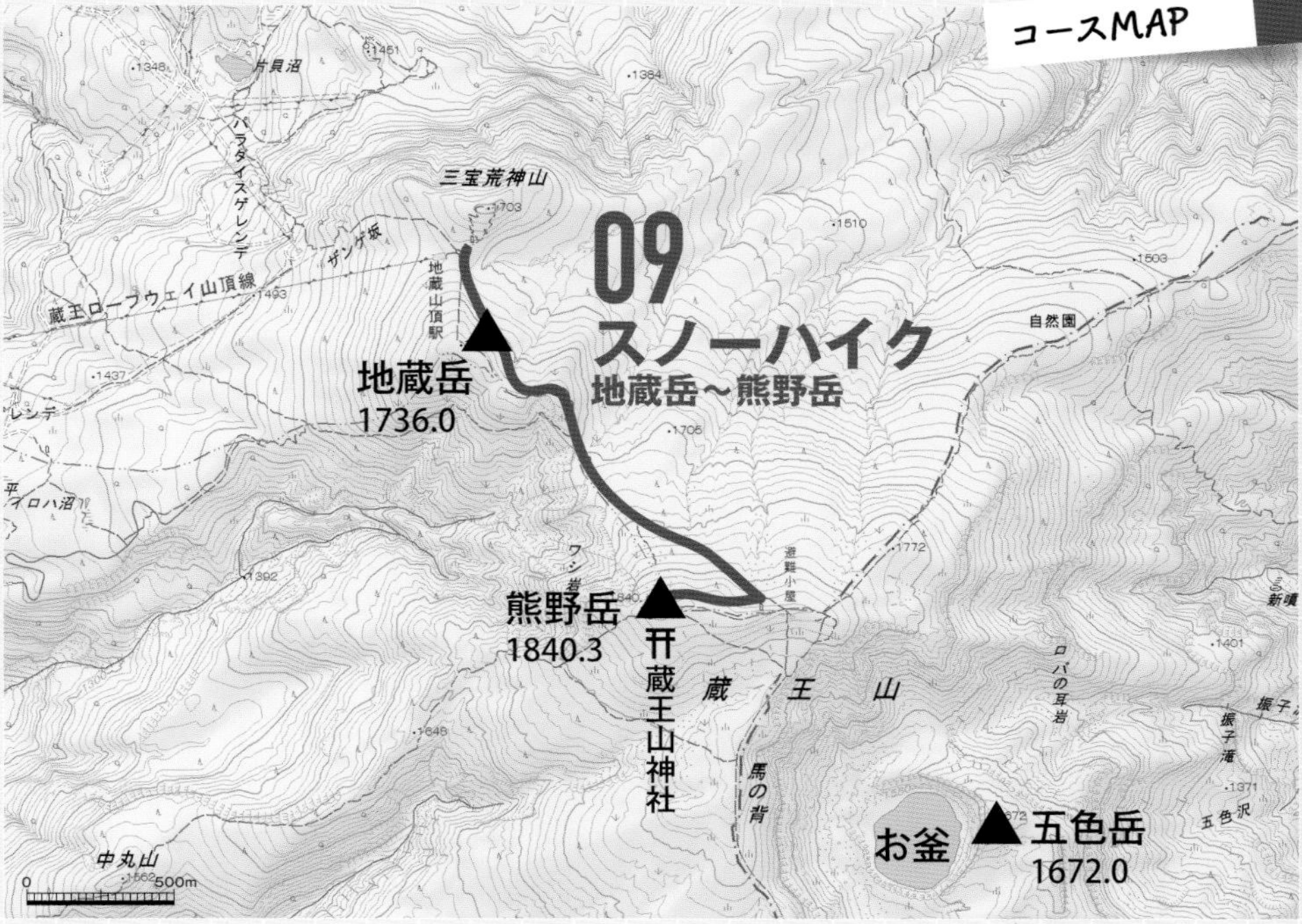

course 10

水《みず》引《ひき》入《にゅう》道《どう》

鎖場や渡渉が連続する
蔵王連峰支脈の山

難易度 ★★★★☆
体力度 ★★★★☆

◉登山口　みやぎ蔵王白石スキー場
◉参考タイム　みやぎ蔵王白石スキー場～水引入道
登り▼3時間
下り▼2時間

水引入道は、蔵王連峰の主稜線《りょうせん》から東に派生する支脈の山である。

ここで紹介する、みやぎ蔵王白石スキー場からの水引コースは、コース上に鎖場や渡渉、トラバースなどがあり、岩場も多く険しい道のりとなる。山行の際は、しっかりと情報収拾をしてから入山したい。

コースは、不忘山と同じくみやぎ蔵王白石スキー場が起点となる。案内板に従いゲレンデの右端を進むと、やがて右手の樹林帯の登山道に入る。この樹林帯は、体感的

水引平の池塘《ちとう》

に長く感じるが、根気強く歩こう。

　しばらく進むと、登山道は沢伝いの道となる。沢沿いの道は雨などの後は増水に注意が必要だ。水が引いていたとしても周辺はぬかるみ、滑りやすくなることもあるので、慎重に歩きたい。

　途中で渡渉があるので、しっかりとコースを確認しながら進む必要がある。ビニールテープなどの目印が付けられている場所も多くあるので、足元だけに目線を集中せずに進もう。

　さらに、鎖やロープが設置された岩場が幾つも出てくる。やはり沢筋の道なので、岩が滑りやすくなっている箇所や岩がもろくなっている箇所もあり、注意が必要だ。

　鎖場を過ぎると、最後の渡渉点であるコガ沢に出る。不

登山道は変化に富む

安定な岩の上を歩くことになるので、一歩ずつ確かめながら進む。

沢を渡り終えると、片側が切れ落ちたトラバースとなるので、集中を切らさずに通過する。登山道からコガ沢の渡渉点までは約2時間の道のりとなる。

コガ沢から先は、山頂へ向けての急登となる。ここでもロープが設置された岩場などがあるので、疲労を考慮しながら適度に休憩を挟んで先に進もう。

急登を登り切ると、大日向という開けたガレ場に出る。ここは、ジャンボリーコースとの分岐点にもなっている。ジャンボリーコースはエスケープルートとして使う。ここまで来れば、山頂まではもうすぐだ。慎重に、目印をたどりながらガレ場を登れば、水引入道の山頂にたどり着く。

水引入道は、蔵王連峰の山々の中でも険しい山なので、ある程度の経験を積んでから足を踏み入れたい。しかし、険しい道のりは登頂の達成感を大きなものにしてくれる。ぜひチャレンジしてほしい山である。

足元に注意して進む

コースPHOTO

❶不忘山同様にみやぎ蔵王白石スキー場から登る

❷ゲレンデ脇の道を進む

❸樹林帯の入り口

❹樹林帯入り口には案内板がある

❺沢沿いの道を進むので注意が必要だ

❻急登に設置された鎖場

❼コガ沢の渡渉点とその先のトラバース

❽濡れた岩場にかかる鎖場

❾険しい岩場が幾つも出てくる

❿急登を登り切った先の大日向

⓫山頂へ続く稜線

コースMAP

蔵王に咲く花

花がたくさん咲いている山としても知られる蔵王。
蔵王で見られる主な花を紹介する。

ヨツバヒヨドリに止まるアサギマダラ

白系の花

イワウメ

アカモノ

アオノツガザクラ

エゾノハクサンイチゲ

ウスユキソウ

イワショウブ

コメバツガザクラ

コバイケイソウ

ゴゼンタチバナ

オノエラン

チングルマ

シロバナトウウチソウ

シラネニンジン

シラタマノキ

マイヅルソウ

ヒナザクラ

ハクサンシャクナゲ

ツバメオモト

黄色系の花

イワインチン

アキノキリンソウ

ミツバオウレン

エゾシオガマ

イワオトギリ

モウセンゴケ

クロミノウグイスカグラ

キンコウカ

キバナノカワラマツバ

オオバキスミレ

赤系の花

アズマシャクナゲ

ホソバノキソチドリ

ハナニガナ

イブキトラノオ

ミヤマコウゾリナ

ミヤマキンバイ

コケモモ

ウラジロヨウラク

イワナシ

イワカガミ

ノビネチドリ

タカネバラ

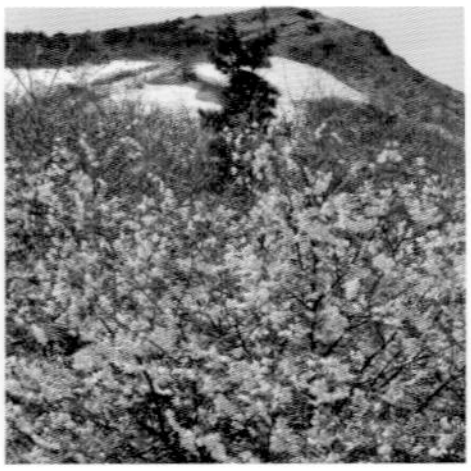
タカネザクラ

コマクサ

ムラサキヤシオツツジ

ミヤマトキソウ

ミネズオウ

ベニバナイチヤクソウ

青・紫系の花

エゾオヤマリンドウ

イブキジャコウソウ

ユキワリコザクラ

ザオウアザミ

オオシラビソ

ヨツバヒヨドリ

ハクサンフウロ

ハクサンチドリ

シラネアオイ

サワラン

ミヤマスミレ

ミヤマシャジン

ミヤマオダマキ

フボウトウヒレン

ワガトリカブト

ムシトリスミレ

ミヤマハンショウヅル

四季のドライブも楽しめる

蔵王エコーライン

蔵王エコーラインは、蔵王連峰を東西に横断し、宮城県と山形県をつなぐ山岳道路で1962年11月に開通した。ドライブコースとしても人気があり、4月下旬の開通から5月中旬ごろまでは雪の壁、夏にはマイナスイオンたっぷりの新緑、そして9月下旬からは赤や黄色に燃える紅葉など、季節によって異なる景色を楽しむことができる。

※11月初旬から翌年4月下旬までは冬季閉鎖される。

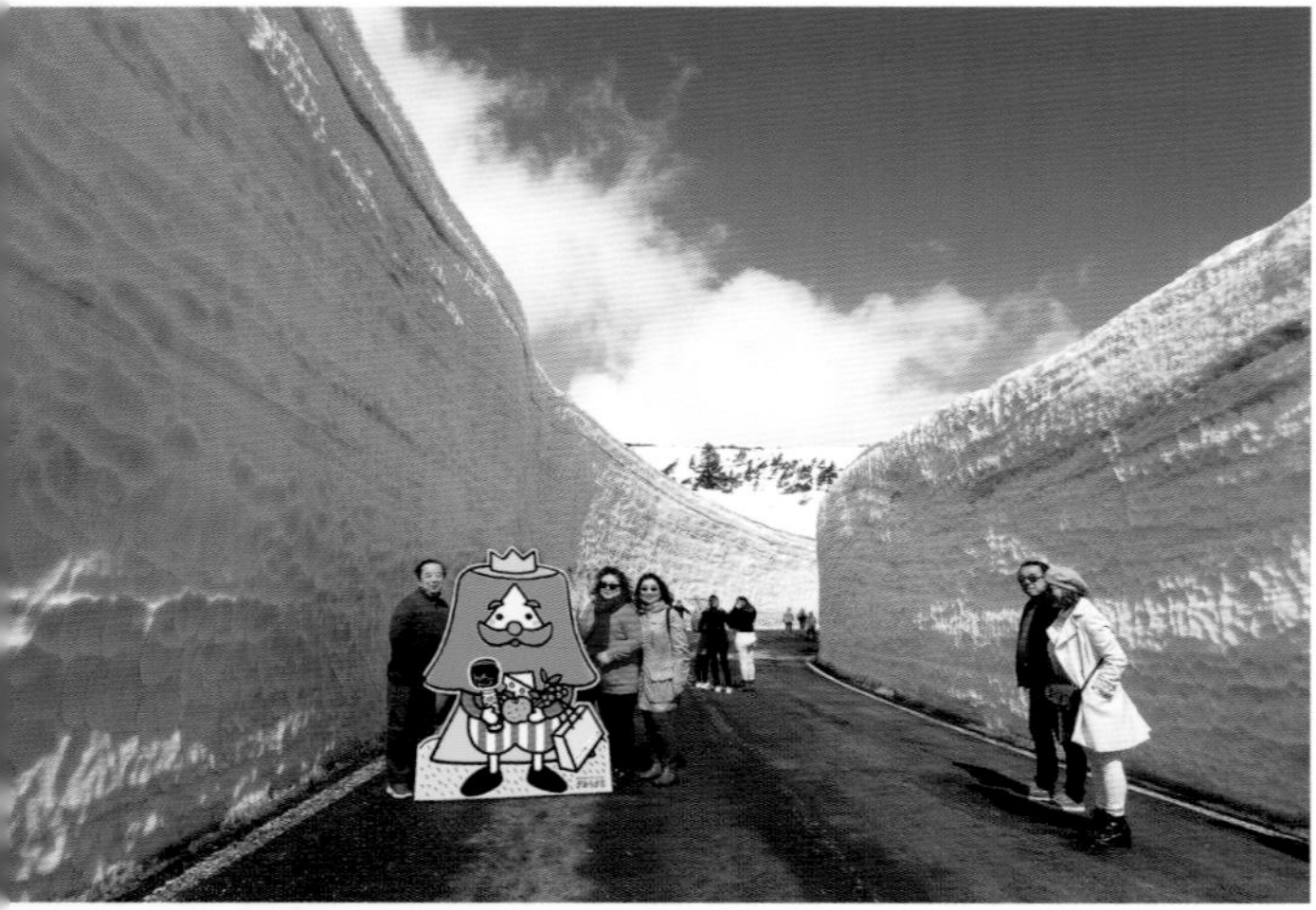

01 雪の回廊

蔵王エコーラインの冬季閉鎖が解除される4月下旬以降、エコーラインに高く積もった「雪の回廊」を見ながらドライブを楽しむことができる。最高積雪地点では約9メートルほどある迫力の雪の壁を見られる。

03 滝見台

標高およそ700メートルの所にあり、不動滝とその上にかかる地蔵滝、そして3段の滝を作って澄川に注ぐ三階滝を眺めることができる。紅葉の時期は、絶好の景観ポイントとなる。

02 三階滝

標高700～572メートルの間にあり、後烏帽子岳東面を流れる石子沢から澄川へ3段に落下する滝。日本の滝百選に選ばれており、特に紅葉時の眺望は息をのむ美しさだ。

04 蔵王ハイライン・お釜

蔵王エコーラインの最高点・刈田峠から分岐し、刈田岳、馬ノ背に登る有料山岳道路。標高1750メートルの頂上付近まで、全長2.5キロを走る。蔵王ハイラインの終点（駐車場）から2〜3分歩くと、お釜を眺める展望台に到着する。手前には、休憩をすることができる蔵王山頂レストハウスも設置されている。

06 大黒天

標高1432メートル。石造りの小さな大黒様が祭ってあることからこの名が付いた。周辺には、供養の石碑群が立ち並んでいる。刈田岳（お釜付近）へ続く登山道があり、約60分で頂上へ登ることができる。

05 駒草平展望台

駒草平は展望がよく、西に蔵王連峰から湧き出た水が流れ落ちる不帰の滝や振子滝を望み、東は奥羽山脈の山並みを越えて太平洋も一望できる。高山植物コマクサの群生地で、6月中旬から7月にかけて最盛期を迎える。

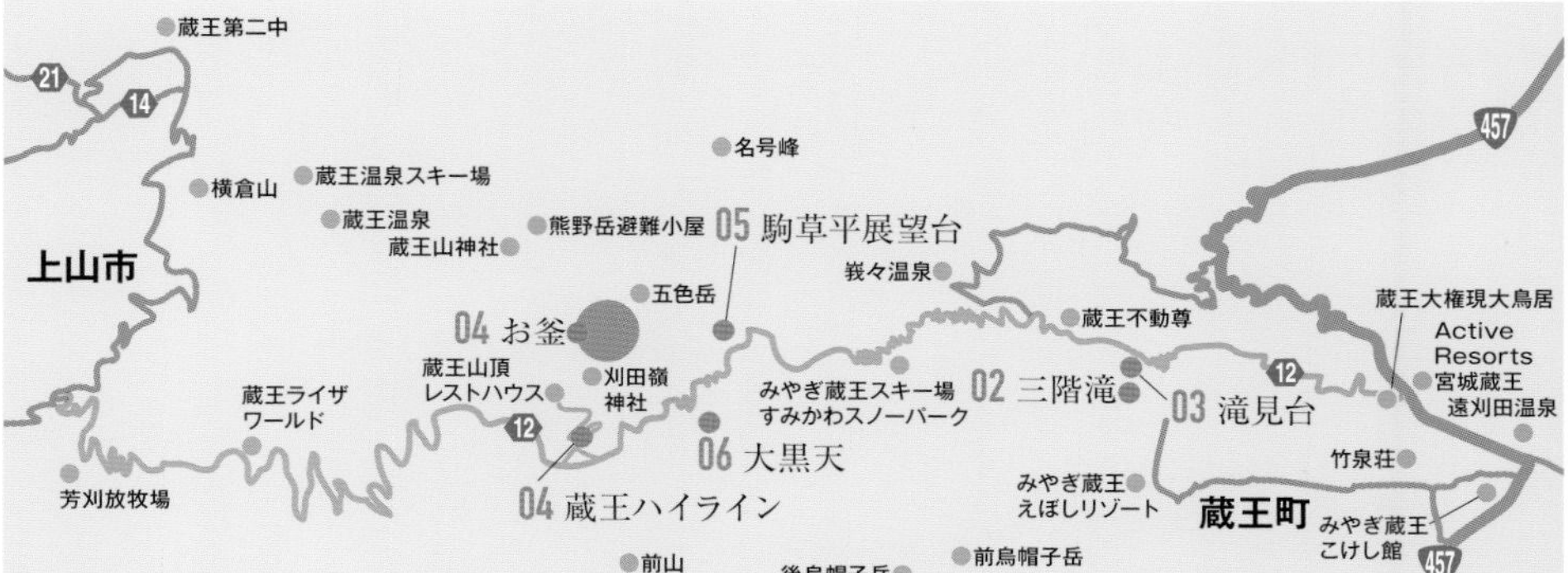

問い合わせ先▶蔵王町農林観光課 ☎0224-33-2215／蔵王町観光案内所 ☎0224-34-2725

蔵王周辺エリアガイド

蔵王周辺エリアマップ

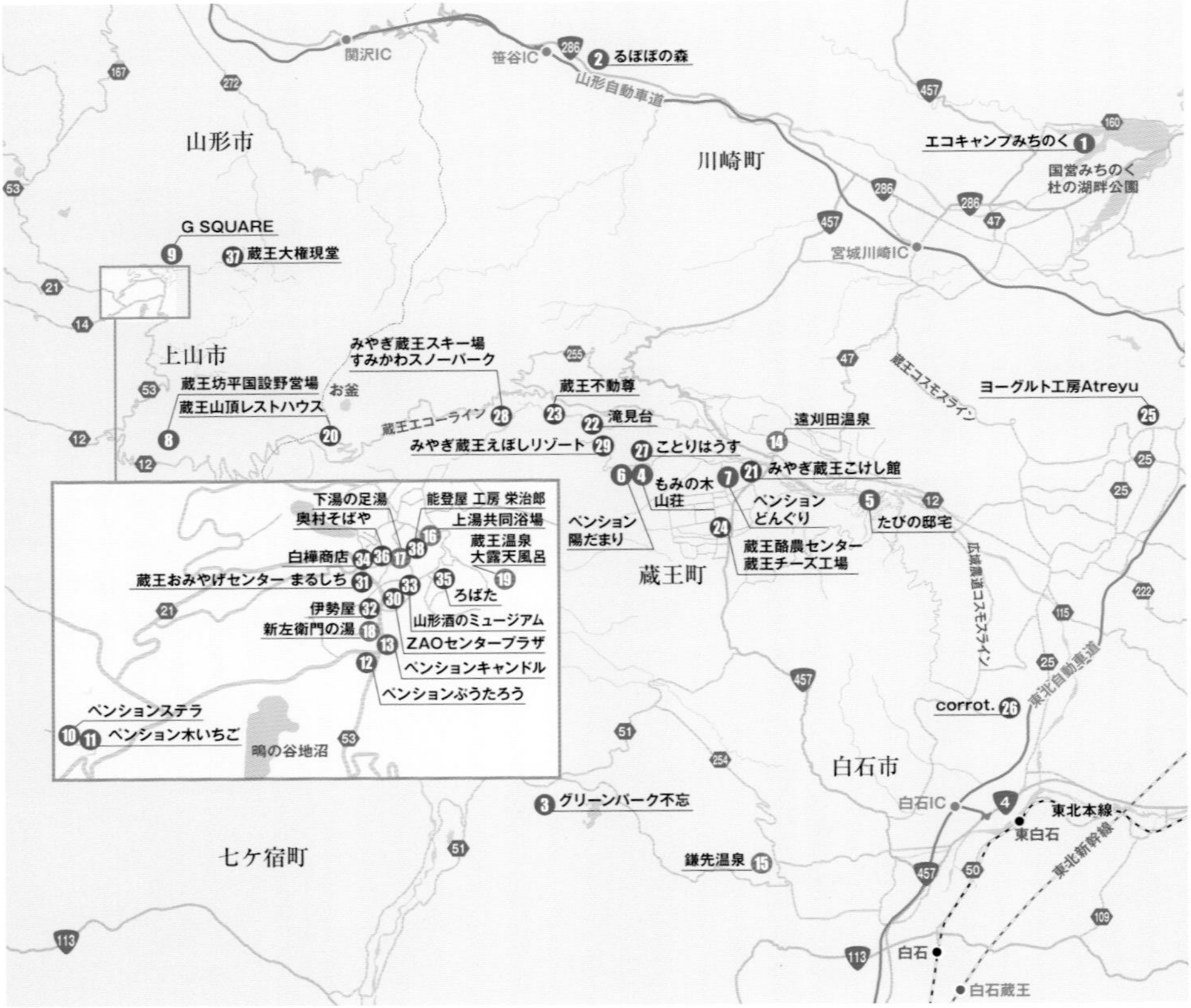

01 キャンプ場・コテージ・ペンション

宮城と山形にまたがる蔵王連峰では、原則としてキャンプ指定地以外での幕営（テント泊）が禁止されている。整備されているキャンプ場やペンションなどを利用し、単独での幕営は行わないこと。

① エコキャンプみちのく

宮城県川崎町「国営みちのく杜の湖畔公園」北地区に位置。フリーテントサイト、オートキャンプサイトのほか、シニア向けタイプ・バリアフリータイプなどがある。利用者に合わせて3つのタイプから選べるコテージも30棟整備。

住　　所▶宮城県柴田郡川崎町大字川内字向原254
期　　間▶1年中（火曜宿泊定休）
利用料金▶施設利用料：大人760円、小・中学生120円など
フリーテントサイト（6人用）：1,600円～／
オートキャンプサイト（6人用）：3,150円～／コテージ：15,750円～
設　　備▶テントサイト、コテージ、炊事場、シャワー、トイレ、売店、コインランドリー
備　　考▶夜10時～翌朝7時までの車両移動・外出禁止（ゲート閉鎖）、ペット専用サイトあり
問い合わせ▶0224-84-6633（9:00～17:00）

② るぽぽの森

渓流に隣接する宿泊施設付きオートキャンプ場。各種キャンプ用品がレンタル可能なほか、宿泊者・デイキャンプ利用者は無料で利用できる入浴施設もある。登山者はもちろん、キャンプや日帰りで自然遊びを楽しむ家族連れに人気。

住　　所▶宮城県柴田郡川崎町今宿字小屋沢山39
期　　間▶1年中
利用料金▶施設利用料：大人500円、小学生300円
フリーサイト：1泊2,500円～／電源付きオートサイト：1泊2,900円～
客室利用：1泊6,000円～
設　　備▶テントサイト、客室、炊事場、入浴施設、シャワー、トイレ、ランドリー
備　　考▶テント、寝袋、BBQコンロ、イス、ランタンなどの有料貸し出しあり、ペット可サイトあり
問い合わせ▶0224-84-6611

④ もみの木山荘

素泊まりのみの貸切ペンション。美肌効果が期待される弱アルカリのヒノキ風呂が人気。食材・飲み物が持ち込み自由のほか春～秋にかけてはバーベキューや流しそうめんなども楽しめる。

住　　所▶宮城県刈田郡蔵王町遠刈田温泉字上の原168-6
アクセス▶東北自動車道 白石ICより車で約30分
宿泊料金▶1棟貸し［最低10人から］30,000円（税別）+入湯税1人100円
利用時間▶チェックイン15:00／チェックアウト11:00
問い合わせ▶0224-34-3855

③ グリーンパーク不忘

蔵王連峰の南・不忘山の麓にあり、フィッシング、バーベキュー、キャンプ、そり遊びなど、蔵王の自然を満喫できる包括的施設。レストハウスでは山菜など旬の地場食材を使った料理を提供。入場無料、休憩所としての利用も多い。

住　　所▶宮城県白石市福岡八宮字不忘山3-167
期　　間▶1年中
利用料金▶施設利用料：300円　テントサイト：1張1,500円／
キャンピングカー：1台1,000円
設　　備▶テントサイト、炊事場、トイレ
備　　考▶テントは持ち込みのみ、ごみは持ち帰ること
問い合わせ▶0224-24-8151（9:00～17:00）

⑤ たびの邸宅

仙台に本社を置く「たびのレシピ」が運営。蔵王連峰を望む別荘地「蔵王山水苑」内に位置する、温泉付き貸し別荘。緑に囲まれた敷地内ではテニスコートやプール（夏限定オープン）も楽しめる。

蔵王みやぎ1st・蔵王みやぎ2nd

住　　所▶宮城県刈田郡蔵王町遠刈田温泉字八山（蔵王山水苑内）
アクセス▶東北自動車道 村田ICより車で約15分
宿泊料金▶1棟［2人1棟利用時／素泊まり］
蔵王みやぎ1st 10,000円～／蔵王みやぎ2nd 12,600円～
利用時間▶チェックイン15:00／チェックアウト11:00
問い合わせ▶0800-805-7197（通話料無料）

⑦ ペンションどんぐり

えぼしスキー場に近く、庭では季節ごとにバーベキューやカブトムシ採集が楽しめる。パラグライダー、陶芸などのアクティビティ（有料）も充実。

住　　所▶宮城県刈田郡蔵王町遠刈田温泉七日原1-178
アクセス▶東北自動車道 白石ICより車で約30分
宿泊料金▶1泊［2人1室利用時／夕・朝食付き］7,500円～
利用時間▶チェックイン15:00／チェックアウト11:00
問い合わせ▶0224-34-3845

⑥ ペンション陽だまり

蔵王国定公園内にあるペンションで、四季折々の自然を満喫できる。貸し切り可能な温泉と、地場食材を使い手づくりにこだわった食事がおいしいと人気。

住　　所▶宮城県刈田郡蔵王町遠刈田温泉上ノ原168-19
アクセス▶東北自動車道 村田ICより車で約30分
宿泊料金▶1泊［2人1室利用時／夕・朝食付き］7,000円～
利用時間▶チェックイン16:00／チェックアウト10:00
問い合わせ▶0224-29-3316

01 蔵王周辺エリアガイド　山形蔵王エリア

キャンプ場・コテージ・ペンション

宮城蔵王同様、山形蔵王エリアでも、原則としてキャンプ指定地以外での幕営（テント泊）が禁止されている。アクセス性に優れたキャンプ場や個性豊かなペンションなどが豊富なので、そちらを利用しよう。

⑧ 蔵王坊平国設野営場

自然を生かした体験などが楽しめる蔵王坊平高原ペンション村や、準高所トレーニングのための施設が隣接する野営場。周囲にはクロスカントリーコースや遊歩道も整備。標高1000メートル、雄大な自然の中でのキャンプを満喫できる。

冬期休業

住　　所▶山形県上山市蔵王高原坊平
期　　間▶例年6～10月
利用料金▶入場料：宿泊　高校生以上350円、小中学生200円
日帰り　高校生以上60円、小中学生40円
設　　備▶炊事場、トイレ
備　　考▶テントは持ち込みのみ、ごみは持ち帰ること
問い合わせ▶023-679-2464（9:00～17:00）

⑨ G SQUARE

2019年オープン。オープンなロビーラウンジ、完全セルフ型キッチンなど、「ゲスト同士が交流し集える場所」をコンセプトにしたホテル。部屋もシングルからグループ用まであり多彩。旅先での出会いを楽しみたい人に。

住　　所▶山形県山形市蔵王温泉上ノ代758-21
アクセス▶山形自動車道 山形蔵王ICより車で約25分
宿泊料金▶1泊［1人1室利用時／素泊まり］6,500円～
利用時間▶チェックイン15:00／チェックアウト10:00
問い合わせ▶023-676-5126

⑩ ペンションステラ

月山志津温泉からのくみ湯を使った展望温泉露天岩風呂は、谷を見下ろす眺望抜群のロケーションで、心身の疲れが癒やされる。床暖房完備、ファミリールームもあり、家族連れでも安心。人気宿なので早めの予約を。

住　　所▶山形県上山市小倉字大森1968-54（蔵王ペンション村）
アクセス▶山形自動車道 山形蔵王ICより車で約30分
宿泊料金▶1泊［2人1室利用時／夕・朝食付き］9,350円～
（※12～3月は9,900円～）
利用時間▶チェックイン15:00／チェックアウト10:00
問い合わせ▶023-679-2320

⑪ ペンション木いちご

山形蔵王温泉、蔵王温泉スキー場まで車で約5分。付近にはニホンカモシカがよく現れるなど、自然を身近に感じられるペンション。2019年より、素泊まり＋カフェで食事をとるスタイルにリニューアル。山形蔵王遊びの拠点に。

住　　所▶山形県上山市小倉字大森1968-43（蔵王ペンション村）
アクセス▶山形自動車道 山形蔵王ICより車で約30分
宿泊料金▶1泊［1室利用時／素泊まり］3,300円（税別）
（※11～4月は3,500円（税別））
利用時間▶チェックイン15:00／チェックアウト10:00
問い合わせ▶023-679-2177

⑫ ペンションぷうたろう

蔵王ロープウェイ山麓駅まで徒歩1分、温泉街の中心地に位置する便利なロケーション。オーナーシェフが地元の食材でつくるフレンチコースディナーが人気。夜は各種アルコールを備えるバーで、静かなひとときを過ごせる。

住　　所▶山形県山形市蔵王温泉934-26
アクセス▶山形自動車道 山形蔵王ICより車で約25分
宿泊料金▶1泊［2人1室利用時／夕・朝食付き］10,000円（税別）
利用時間▶チェックイン15:00／チェックアウト11:00
問い合わせ▶023-694-9872

⑬ ペンションキャンドル

ガス釜で炊く山形産の特別栽培米、郷土料理の小鉢、自家栽培野菜のラタトゥイユなど、料理へのこだわりが光る宿。特に夕食の牛しゃぶしゃぶ鍋は必食。蔵王ロープウェイのすぐ目の前にあり、冬はスキー客の長期滞在も多い。

住　　所▶山形県山形市蔵王温泉川前935-18
アクセス▶山形自動車道 山形蔵王ICより車で約25分
宿泊料金▶1泊［2人1室利用時／夕・朝食付き］7,600円～
利用時間▶チェックイン15:00／チェックアウト10:00
問い合わせ▶023-694-9883

温泉ガイド

宮城蔵王山麓に点在する温泉地を総称して「みやぎ蔵王温泉郷」と呼ぶ。小原温泉、鎌先温泉、白石湯沢温泉、遠刈田温泉、青根温泉、峩々温泉の 6 つから構成されている。

⑭ 遠刈田温泉

数々の旅館や飲食店を擁する温泉地。低料金で利用できる日帰り温泉施設や、豆乳ソフトクリームが味わえる豆腐屋、そば屋などが点在し、宮城県内外からの観光客が集う人気エリアとなっている。遠刈田温泉の宿泊施設は全部で14軒。山歩きで疲れた足をいやしてくれる。

遠刈田温泉14軒の各宿泊施設

バーデン家 壮鳳	ラフォーレ蔵王リゾート＆スパ
旬菜湯宿 大忠	心づくしの宿 源兵衛
大沼旅館	たまや旅館
旅館 三治郎	あづまや旅館
温泉山荘 だいこんの花	遠刈田ホテル さんさ亭
ゆと森倶楽部	元気荘
宮城蔵王ロイヤルホテル	竹泉荘

住　　所▶宮城県刈田郡蔵王町遠刈田温泉
問い合わせ▶0224-34-2725（蔵王町観光案内所）

⑮ 鎌先温泉

南蔵王不忘山麓に位置し、600年以上昔、里人が鎌の先で発見したことから名付けられたという温泉郷。奥羽の薬湯として知られ、神経痛、手術後の保養などに効果があるとされる。現在4軒ある宿はいずれも人気が高く、うち1軒では日帰り入浴も可能。宿は点在しており湯めぐりなどには向かないが、いずれも隠れ家的な雰囲気でリピーターが多い。登山の疲れを癒やしてみては。

鎌先温泉

時音の宿 湯主一條
住　　所▶白石市福岡蔵本字鎌先1-48
問い合わせ▶0224-26-2151

奥州の薬湯 最上屋旅館（日帰り入浴可）
住　　所▶白石市福岡蔵本字鎌先1-35
問い合わせ▶0224-26-2131

すゞきや旅館
住　　所▶白石市福岡蔵本字鎌先1-38
問い合わせ▶0224-26-3111

四季の宿 みちのく庵
住　　所▶白石市福岡蔵本字狐峯3-4-5
問い合わせ▶0224-26-2111

問い合わせ（総合）
▶0224-26-2042（白石駅観光案内所）
0224-24-5915（白石蔵王駅観光案内所）

温泉ガイド

蔵王温泉は、蔵王ロープウェイ駅エリアに位置し、その利便性からも年間を通じて人気の温泉地。泉質は強酸性の硫黄泉で、豊かな効能から「美人づくりの湯」と呼ばれる。

⑰ 下湯の足湯

上湯共同浴場と同じ蔵王温泉の温泉街にあり、通年利用できる無料の足湯。共同浴場を利用する時間がないが温泉気分に浸りたいという時に。3つある足湯のうち、通年利用できる足湯は2つ。開湯1900年を誇る日本屈指の古湯を、気軽に手軽に堪能できる貴重な場だ。

住所▶山形県山形市蔵王温泉30-12
アクセス▶山形自動車道 山形蔵王ICより車で約25分／蔵王ロープウェイ山麓駅より車で約6分
営業時間▶6:00～22:00
料金▶無料
問い合わせ▶023-694-9328（蔵王温泉観光協会）

⑯ 上湯共同浴場

3つの共同浴場、3つの足湯、5つの日帰り温泉を擁する蔵王温泉・温泉街。特に共同浴場と足湯は徒歩圏内にあり、日帰りで湯めぐりを楽しむことができる。中でも上湯共同浴場は湯量豊富な温泉源の一つ。木造りの湯舟と熱めの湯温が、どこか懐かしい気持ちにさせてくれる。

住所▶山形県山形市蔵王温泉45-1
アクセス▶山形自動車道 山形蔵王ICより車で約25分／蔵王ロープウェイ山麓駅より車で約6分
営業時間▶6:00～22:00
料金▶大人200円
問い合わせ▶023-694-9328（蔵王温泉観光協会）

⑲ 蔵王温泉 大露天風呂

一度川沿いに立つ、野趣あふれる露天風呂。懐かしい雰囲気の脱衣所を抜けると、澄んだ空気と木々に包まれた開放的な湯舟が広がる。川のせせらぎに耳を傾けながら、自然と一体化する特別な時間を過ごせそう。冬季は通常閉鎖されている。

住所▶山形県山形市蔵王温泉荒敷853-3
アクセス▶山形自動車道 山形蔵王ICより車で約35分／蔵王ロープウェイ山麓駅より車で約6分
営業時間▶6:00～19:00（最終受付18:30）
期間▶4月～11月中旬（冬季は積雪状況により変更有、詳細は公式ホームページ参照）
料金▶維持管理協力金 大人600円
備考▶シャワーなし、石鹸・シャンプーの利用不可、タオルの販売あり
問い合わせ▶023-694-9417（蔵王温泉観光株式会社）

⑱ 新左衛門の湯

湯の花茶屋お食事処、無料休憩室、地場産品をそろえるお土産処など、充実の施設を備える日帰り温泉。源泉100%の露天風呂のほか、肌にやさしい四・六の湯、かめ湯もあり、家族連れやグループでの利用に適する。蔵王牛などの食事付き個室プランも好評。

住所▶山形県山形市蔵王温泉川前905
アクセス▶山形自動車道 山形蔵王ICより車で約25分／蔵王ロープウェイ山麓駅より車で約2分
営業時間▶平日10:00～18:30（最終受け付け18:00）、土日祝10:00～21:30（最終受け付け21:00）
料金▶入浴 大人750円
備考▶食事処（水曜定休）の営業時間や休館日は公式ホームページ参照
問い合わせ▶023-693-1212

グルメ・立ち寄りスポット

宮城蔵王エリアには、登山客に人気の観光名所や、行列のできる飲食店、充実した施設のスキー場などが点在。行楽シーズンにはいずれも混雑が予想されるため気をつけたい。

⑳ 蔵王山頂レストハウス（県営蔵王レストハウス）

蔵王ハイラインを終点まで進むと、「お釜」ビューポイントのすぐ近くという絶好のロケーションに位置。1階は無料休憩所として開放、2階レストランではお釜をイメージした名物「釜かつ丼定食」が人気。好天時、熊野岳から朝日連峰まで見渡せるとあって、休憩スポットとして欠かせない存在。

住　　所▶宮城県刈田郡蔵王町遠刈田温泉倉石岳国有林地内
アクセス▶東北自動車道 村田ICより車で約50分
営業時間▶9:00~16:30
休　　業▶蔵王エコーライン・ハイライン冬季通行止め期間は休業
料　　金▶「釜かつ丼定食」1,200円、「玉こんにゃく」150円など
備　　考▶蔵王エコーライン・ハイラインは、例年11月上旬~翌年4月下旬の間通行止め
問い合わせ▶0224-34-4001（えぼしリゾート）

㉑ みやぎ蔵王こけし館

1984年オープン。「こけし」をテーマに建てられた珍しい施設。東北に12系統ある伝統こけしと木地玩具約5,500点を展示しているほか、実演コーナー、販売コーナー、こけし絵付け体験コーナーがあり、伝統こけしの特徴を学ぶだけでなく、土産品や贈り物として購入することも可能。

住　　所▶宮城県刈田郡蔵王町遠刈田温泉字新地西裏山36-135
アクセス▶東北自動車道 村田ICより車で約20分 白石ICより車で約25分 山形自動車道 宮城川崎ICより車で約15分
営業時間▶9:00~17:00（最終入館16:30）※12月29日~翌年1月3日のみ、最終入館15:00
入館料金▶大人300円、子ども150円 ※未就学児無料
備　　考▶絵付け体験は要予約、850円（受付時間9:00~11:00、13:00~16:00）
問い合わせ▶0224-34-2385

㉓ 蔵王不動尊

滝見台の近くにある蔵王不動尊は、登山客やドライブ客が立ち寄るパワースポットとして知られる。境内には石造りの不動明王が安置され、真っ赤に燃える炎を背負う姿、迫力ある形相が印象的で隠れた名所の一つである。

住　　所▶宮城県刈田郡蔵王町遠刈田温泉倉石岳国有地内
アクセス▶東北自動車道 白石ICより車で約40分／遠刈田温泉より車で約10分
備　　考▶見学無料、積雪時の見学は不可、駐車場あり
問い合わせ▶0224-34-2725（蔵王町観光案内所）

㉒ 滝見台

蔵王山中にある滝のうち、最も規模の大きな不動滝と、その上にかかる地蔵滝、さらに3段の滝が見事な三階滝の3つを眺められる展望台。特に紅葉の時期は宮城県内外から多くの観光客が訪れる。新緑の眺望もまた格別。

住　　所▶宮城県刈田郡蔵王町遠刈田温泉倉石岳国有地内
アクセス▶東北自動車道 白石ICより車で約40分／遠刈田温泉より車で約10分
備　　考▶見学無料、積雪時および柵より外側での見学は不可、駐車場あり
問い合わせ▶0224-34-2725（蔵王町観光案内所）

㉔ 蔵王酪農センター・蔵王チーズ工場

宮城蔵王エリアを観光する上で外せない有名スポット。宮城蔵王の牛乳を使用したチーズ、バターなどの乳製品の製造、直売、自社製品を使った料理の提供など、蔵王の恵みを五感で体験できる。特に「蔵王クリームチーズ」や、チーズドリンク「モルク」は不動の人気商品。

住　　所▶宮城県刈田郡蔵王町遠刈田温泉字七日原251-4
アクセス▶東北自動車道 村田ICより車で約25分
営業時間▶チーズキャビン（直売店） 9:00〜17:00
ふれあい牧場蔵王ハートランド 9:30〜17:00
（※11〜3月冬季休業）
料　　金▶「モルク」162円（120ml）、「蔵王クリームチーズ」557円など
備　　考▶バターづくり体験 600円〜（1週間前までに要予約）
問い合わせ▶0120-150-302

㉕ ヨーグルト工房Atreyu《アトレイユ》

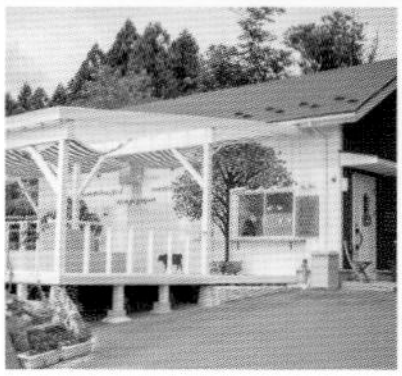

遠刈田温泉から東北自動車道村田ICへ伸びる道の途中、週末ごとに行列ができる店がある。牧場に隣接するヨーグルト工房で、作り手はもちろん酪農家。プレーンヨーグルトにナッツやフルーツをたっぷりのせて食べるスタイルが人気を呼び、全国紙でも紹介されたほど。登山帰りの体が喜びそう。

住　　所▶宮城県刈田郡蔵王町小村崎向原68-1
アクセス▶東北自動車道 村田ICより車で約8分
営業時間▶10:00〜15:00
休　　業▶火曜
料　　金▶「ヨーグルトドリンク：レモンジュレ」430円、
「ヨーグルトボウル：ミックスベリー」430円など
備　　考▶週末や連休は行列必至、時間に余裕を持って来店を
問い合わせ▶0224-22-7033

㉖ corrot.《ころっと》

宮城蔵王で50年以上の実績を持つ養鶏場が開いた、カフェ併設の直売所。カフェでは、ランチ限定の「たまごかけ御膳」が大人気。鮮度抜群、濃厚な卵のおいしさをシンプルに味わえる。また、直売所では自家製マヨネーズやプリンなども購入可能。蔵王の稜線を一望できるロケーションも魅力。

住　　所▶宮城県刈田郡蔵王町宮字持長地104-3
アクセス▶東北自動車道 白石ICより車で約6分
営業時間▶11:00〜17:00（ラストオーダー16:30）
休　　業▶水曜
料　　金▶「たまごかけ御膳」1,180円、「クリーミーマヨネーズトースト」
580円、「自家製マヨネーズ」580円など
備　　考▶「朝採れたまご」は売り切れ次第終了
問い合わせ▶0224-26-8565

㉗ ことりはうす

宮城県蔵王野鳥の森自然観察センター「ことりはうす」は、宮城県の自然環境や四季を学習できる施設。蔵王の植物・昆虫・動物にまつわる情報のほか、季節ごとの自然の姿も展示。さらに、施設の裏には散策コースのある「野鳥の森」が整備され、野鳥観察やハイキングを楽しむことができる。

住　　所▶宮城県刈田郡蔵王町遠刈田温泉字上ノ原162-1
アクセス▶東北自動車道 村田ICより車で約30分
営業時間▶9:00〜16:30
休　　館▶月曜（休日を除く）、休日の翌日（平日）、年末年始
料　　金▶入館料350円 ※高校生以下無料
備　　考▶毎月第4水曜・愛鳥週間（5月10日〜16日）・
開館記念日（4月29日）は無料開放
問い合わせ▶0224-34-1882

㉘ みやぎ蔵王スキー場すみかわスノーパーク

スキー、スノーボードといったゲレンデスポーツはもちろん、樹氷めぐり、雪の回廊さんぽなどのツアーを企画し、冬の宮城蔵王をあらゆるアクティビティで楽しめるスキー場。グリーンシーズンには、天空の展望台「くもわくテラス」でのランチや天空キャンプ、星空観賞イベントでにぎわう。

住　　所▶宮城県刈田郡蔵王町遠刈田温泉字倉石岳国有林内ゲレンデハウス
アクセス▶東北自動車道 村田ICより車で約40分
営業時間▶リフト運行 9:00〜16:00（一部15:30）、くもわくテラス 9:00〜16:00
営業期間▶冬季（夏季くもわくテラス、天空キャンプ）
料　　金▶リフト1日券3,500円、みやぎ蔵王の樹氷めぐり5,000円〜など
備　　考▶遠刈田温泉より無料送迎バス運行（冬季のみ）
問い合わせ▶0224-87-2610

㉙ みやぎ蔵王えぼしリゾート

全長約4.3㌔のロングコースで、ファミリーから上級者まで堪能できる豊富なコース設定が魅力。また、休憩所やレストランも充実し、何度訪れても楽しめる。雪遊びデビューのためのキッズパークなど、家族連れへの配慮が厚い。グリーンシーズンはゴンドラでの空中散歩がおすすめ。

住　　所▶宮城県刈田郡蔵王町遠刈田温泉
アクセス▶東北自動車道 村田ICより車で約30分
営業時間▶8:30〜（最長22:00）
営業期間▶例年12〜3月
料　　金▶リフト1日券＋食事券6,500円、キッズパーク
中学生以下800円など
備　　考▶遠刈田温泉エリアより無料シャトルバス運行（冬季のみ）
問い合わせ▶0224-34-4001

グルメ・立ち寄りスポット

山形蔵王エリアは、宮城蔵王エリアよりも範囲が狭く、その分、魅力あるスポットが凝縮。日帰りでも十分に名所めぐりを行うことができる。大きな土産店が多く買い物も楽しめる。

㉚ ZAOセンタープラザ

山形蔵王の中心に位置。宿泊設備のほか、会議室や研修室を備え、学校の合宿や会社の研修旅行での利用も多い。また、レストランは宿泊者以外も利用でき、バイキング形式の朝食からビアレストランとして人気の夕食まで、近隣の素泊まり宿利用者にも好評。天然温泉の風呂は日帰り利用可能。

住　　所▶山形県山形市蔵王温泉903-2
アクセス▶山形自動車道 山形蔵王ICより車で約30分
営業時間▶入浴 9:30～21:00／食事 ランチタイム11:30～14:00
料　　金▶入浴 大人600円／食事 朝食バイキング1,300円など
備　　考▶露天風呂・大浴場・食事処・土産店有
問い合わせ▶023-694-9251

㉛ 蔵王おみやげセンター まるしち

蔵王で生まれ育った店主が営む土産専門店。駐車場の少ない温泉街内で、車を停めてゆっくり買い物ができる店の一つ。店主のおすすめは、温泉を練り込んだ「蔵王温泉せっけん」、「湯の花」、「さくらんぼジャム」。このほか季節限定の品も豊富。詳細は蔵王通のスタッフに声がけを。

住　　所▶山形県山形市蔵王温泉955-9
アクセス▶山形自動車道 山形蔵王ICより車で約30分
営業時間▶8:00～21:00
休　　業▶水曜（※夏季・冬季の繁忙期は営業）
問い合わせ▶023-694-9502

㉜ 伊勢屋

日帰り温泉施設「新左衛門の湯」の中にある土産店。和風アンティーク調の店内に、蔵王を中心とした山形県の名産品が並ぶ。中でも、「月山ワイン」や「高畠ワイナリー」などの地ワイン、山形産日本酒のラインアップは豊富。自宅用にも、家族や友人への土産用にも。

住　　所▶山形県山形市蔵王温泉川前905
アクセス▶山形自動車道 山形蔵王ICより車で約25分
　　　　　蔵王ロープウェイ山麓駅より車で約2分
営業時間▶平日10:00～18:30、土日祝10:00～21:30
備　　考▶休館日は、P73の「新左衛門の湯」を参照
問い合わせ▶023-693-1212

㉝ 山形酒のミュージアム

2018年オープン。山形銘酒を知り味わう注目のスポット。山形の日本酒は、2016年に日本初の酒の地理的表示「GI山形」の指定を受けたほど、材料や製造・貯蔵方法を吟味。ここでは県内52の蔵元の日本酒を1杯300円から試飲可能。隣接の「湯けむり屋台つまみ」では、銘酒に合う郷土料理も提供。

住　　所▶山形県山形市蔵王温泉951
アクセス▶山形自動車道 山形蔵王ICより車で約30分
営業時間▶山形酒のミュージアム 11:00～22:00
湯けむり屋台 つまみ 17:00～
休　　業▶不定
料　　金▶日本酒試飲 1杯300円
問い合わせ▶023-694-9052

㉞ 白樺商店

山形蔵王を訪れたら必ず食べたいのが、名物「稲花餅（いがもち）」。蔵王で採れた熊笹の上にのった餅の中には、自家製のこしあんがたっぷりと入り、笹の香りとほどよい甘さのあんが癖になるおいしさ。全て手づくりの人気商品のため、早めに売り切れてしまう。早めの来店がおすすめ。

住　　所▶山形県山形市蔵王温泉710
アクセス▶山形自動車道 山形蔵王ICより車で約30分
営業時間▶9:00～18:00
休　　業▶不定
料　　金▶「稲花餅」5枚700円～
問い合わせ▶023-694-9528

㉟ ろばた

蔵王温泉バスターミナル、中央ロープウェイ中森ゲレンデから徒歩で約5分の所にある、食事、宿泊、温泉がそろった「ろばた」。お食事処では蔵王名物のジンギスカンをはじめ、新鮮な旬の素材や山菜料理・郷土料理が大人気。そのほかロフト付きでゆっくりくつろげるお部屋、自家源泉から湧き出る貸し切り風呂や無料開放の足湯も楽しめる。

住　　所▶山形県山形市蔵王温泉字川原42-5
アクセス▶山形自動車道 山形蔵王ICより車で約30分
営業時間▶お食事処　11:00～15:00、17:00～21:30
休　　業▶木曜
料　　金▶お食事処「ジンギスカン定食」2,200円、
「山菜みずこぶ」550円、「あけび焼き」550円など
源泉足湯「寛ぎの湯」無料開放
問い合わせ▶023-694-9565

㊱ 奥村そばや

昼時には行列必至のラーメン店。あっさり鶏だし汁でほっとするおいしさの「中華そば」、野菜のうまみが溶け込んだ濃厚スープの「みそラーメン」、シンプルだからこそ腕の良さがわかる「塩ラーメン」。一押しを選べないほどいずれも人気。ボリューム満点なので、初訪問時は普通盛りがおすすめ。

住　　所▶山形県山形市蔵王温泉953
アクセス▶山形自動車道 山形蔵王ICより車で約30分
営業時間▶11:00～14:30
休　　業▶木曜
料　　金▶「中華そば」600円、「みそラーメン」「塩ラーメン」
各750円など
問い合わせ▶023-694-9307

㊲ 蔵王大権現堂

山形蔵王は昔から山岳信仰が厚く、蔵王三大神「蔵王地蔵尊」「蔵王大黒天」「蔵王大権現」が祭られている。蔵王スカイケーブル中央高原駅前「蔵王大権現堂」は、蔵王口に安置されている蔵王大権現の礼拝所。勇猛無双な姿と三眼怒髪の大忿怒（ふんぬ）相に悪魔が降伏し、平和を招来するといわれている。

住　　所▶山形県山形市大字上宝沢（蔵王スカイケーブル中央高原駅前）
アクセス▶山形自動車道 山形蔵王ICより車で約30分
参拝時間▶24時間
休　　業▶なし　※夏季シーズンはスカイケーブルの運行状況をご確認ください。
備　　考▶例年8月8日に「蔵王大権現蔵王温泉例大祭」を開催
問い合わせ▶023-694-9168（蔵王中央ロープウェイ）

㊳ 能登屋 工房 栄治郎

東北に現存する12系統の伝統こけしのうち、山形蔵王では「蔵王高湯系」と呼ばれる伝統こけしが作られている。「能登屋　工房　栄治郎」は、山形県こけし会会長であり、「内閣総理大臣賞」を3度受賞した名工・岡崎幾雄氏の店。目の前で生み出される個性的なこけしの魅力に浸ってみては。

住　　所▶山形県山形市蔵王温泉36
アクセス▶山形自動車道 山形蔵王ICより車で約30分
営業時間▶9:00～17:00
休　　業▶不定
問い合わせ▶023-694-9205

自分に合った計画を立てて、登山を楽しもう

本書の使い方

・本文中の時間表記、各コースの参考タイムは目安となる。休憩時間は含まない。
・参考タイムなどはコンディション、登山者個人の速度によって大幅に異なる。
・各コースの難易度、体力度は星が多いほど難しく、体力が必要になっている。
・各コースの難易度、体力度は無雪期、登山適期を想定している。季節、天候などに応じて大きく変化するため、最新の情報を収集すること。
・コースガイドにはできるだけ具体的な時期を記している（例：6月下旬まで雪渓が残る）が、年によって大幅にずれ込む場合がある。
・本書に収録した情報は2020年3月現在のものとなる。

蔵王連峰に登る前に

蔵王連峰は今も火山活動が続いている活火山。
立ち入り禁止（規制）区域には絶対に入らないこと。

■蔵王連峰の注意

・蔵王連峰はコース、時季や天候によって難易度が大きく異なる。登山に当たっては、最新の情報を確認の上、十分な装備、余裕のある行動計画を立て、安全に配慮すること。
・本書のコースガイドに表示した難易度は、無雪期の登山を想定している。積雪期、残雪期では難易度が大きく異なる。
・蔵王連峰は、沢を渡るコースも複数ある。降雨時、雨後は渡れない沢もあるので、天候を確認して計画すること。
・春夏の登山では、十分な虫対策が必要となる。
・携帯電話の電波が届かない場所が多くある。

■安全のために

・登山者カード（名簿）に記入し、各登り口の登山箱に入れるか、最寄りの警察へ登山計画書を必ず提出すること。
・登山道以外の立ち入りは禁止。
・ラジオや携帯電話などを携行し、随時情報などを収集すること。
・地震や地鳴り、鳴動など異常を感じたときは、慌てず速やかに下山すること。
・水蒸気噴火とマグマ噴火を想定したハザードマップが公表されている。登山前に目を通すのがお勧めだ。

コースとその時季で必要な装備も変わる。蔵王連峰では初夏でも雪渓を登らなくてはならないコースは多い。

沢筋では水量によって難易度も大きく異なるので、最新情報を確認したい。沢靴やスパイク長靴で登る人も。

ルールやマナーを守り、安全な登山を心掛ける。

南東北名山ガイド

蔵王

ZAO

発　行　2020年4月30日
発行者　佐藤　純
発行所　河北新報出版センター
〒980-0022
仙台市青葉区五橋一丁目2-28
河北新報総合サービス内
TEL　022（214）3811
FAX　022（227）7666
https://kahoku-ss.co.jp/
印刷所　山口北州印刷株式会社

ISBN 978-4-87341-400-3
定価はカバーに表示してあります
乱丁・落丁本はお取り替えいたします

■本書の地図は、国土地理院の電子地形図25000（自由図郭：蔵王周辺）に本書オリジナルの登山情報を追記して掲載したものです。
p.8～11蔵王図（1:71,428）／p.15熊野岳①（1:35,714）／p.18熊野岳②（1:35,714）／p.23瀧山（1:35,714）／p.29不忘山（1:35,714）／p.32～33蔵王古道（1:13,125）／p.37後烏帽子岳（1:35,714）／p.45南蔵王縦走（1:35,714）／p.51雁戸山（1:35,714）／p.57スノーハイク（1:35,714）／p.61水引入道（1:35,714）

■本書の情報は2020年3月現在のものです

■制作協力

宮城県蔵王町
宮城県白石市
山形県上山市
一般社団法人 蔵王町観光物産協会
宮城蔵王ガイド協会
三島木　進

■編集・制作

執　筆　嵯峨　倫寛
編　集　塚　崇範（山口北州印刷株式会社）
木戸場美代子
撮　影　嵯峨　倫寛
デザイン　高橋　龍一郎（山口北州印刷株式会社）
加賀　寿美江